Elogi in anteprima per *Cuore di Buddha*

"Una profonda integrazione tra chiarezza, cuore e pratica radicata. Stephen riesce a descrivere processi trasformativi di vasta portata con grande precisione e semplicità. È una persona profondamente realizzata, in grado di scrivere sulla base della sua esperienza diretta. Un libro fantastico, incredibile!"

—**Rick Hanson, PhD, psicologo e autore del best seller del NYT** *Buddha's Brain*

"Scritto grazie a una profonda saggezza personale, *Cuore di Buddha* affronta con perizia gli ostacoli chiave che impediscono a molte persone di accedere e aprirsi alla propria vera natura. Attraverso spiegazioni e istruzioni chiare e attente, Stephen dona nuova vita a questi insegnamenti universali e senza tempo."

—**Jud Brewer, MD, PhD, responsabile ricerca e innovazione, Mindfulness Center at Brown; professore associato di psichiatria, School of Medicine, Brown University; autore di** *The Craving Mind*

"Una presentazione intima e profondamente originale del risveglio attraverso le pratiche buddhiste del cuore. La modalità di Stephen nel presentare gli insegnamenti *theravāda* classici ispirerà i praticanti sia principianti che esperti a esplorare le profondità sino a ora insondate dei loro teneri cuori."

—**Karin Meyers, PhD, responsabile accademica del Mangalam Research Center for Buddhist Languages**

"Un tuffo nelle profondità del nostro vero essere. Stephen ci offre sagge parole e una vasta gamma di pratiche buddhiste del cuore appartenenti alla tradizione della meditazione di consapevolezza come fonti di ispirazione e aperture verso il risveglio."

—**Loch Kelly, insegnante di meditazione, psicoterapeuta e autore di** *The Way of Effortless Mindfulness*

"*Cuore di Buddha* offre pratiche che ci orientano verso il risveglio del cuore e ci fanno intravedere la nostra vera natura, la bontà innata. Stephen ci offre una cornice di riferimento attraverso la quale vedere i vari modi in cui potremmo reagire psicologicamente agli insegnamenti buddhisti. Un libro ricco di generosità e amore."

—**June Kramer, MD, psichiatra e psicoanalista**

"Un passo dopo l'altro, l'autore ci accompagna meticolosamente lungo il percorso enunciato dal sottotitolo del libro: una pratica di meditazione per sviluppare benessere, amore ed empatia. L'esperto, così come il principiante, può ricavare grandi benefici dalla lettura di queste pagine."

—**David Chadwick, curatore di** *Zen is Right Here* **e autore di** *Cetriolo storto*

"Stephen attinge dalla sua vasta esperienza di praticante e insegnante per offrirci le meditazioni buddhiste del cuore. Diversamente da molti insegnamenti di stampo occidentale, la preparazione etica è in primo piano: i precetti e gli interrogativi di carattere psicologico stimolano gentilmente la riflessione e aiutano a superare gli ostacoli. Ne risulta una guida equilibrata e facile da utilizzare per una pratica estensiva e profonda."

—**Kate Crosby, PhD, professoressa di studi buddhisti al King's College di Londra e autrice di** *Esoteric Theravāda*, **Regno Unito**

"Leggere questo libro, una guida pratica e concisa ai *brahmavihāra* delle tradizioni buddhiste theravāda, è come aprire una bustina di tè confezionata sottovuoto: le sue piccole dimensioni non rendono giustizia all'abbondanza del contenuto."

—**Charles Hallisey, MDiv, PhD, Harvard Divinity School**

"*Cuore di Buddha* è scritto in base a una conoscenza autentica e un'esperienza diretta, e non come uno studio accademico. I praticanti di meditazione e spiritualità sia principianti che avanzati potranno trarre beneficio da questo libro, che presenta molti concetti fondamentali, articolati in modo semplice e chiaro."

—**Heather C. Young, psicologa clinica e insegnante di meditazione**

"La versione che Stephen dà di queste potenti meditazioni del cuore unisce finemente le profondità del buddhismo tradizionale agli insight della psicologia moderna. L'autore ci offre una prospettiva profonda e al tempo stesso accessibile, che trae origine da una vita intera dedicata alla pratica personale e all'insegnamento."

—**Steve James, educatore, fondatore del Movement Koan Method e conduttore di T*he Guru Viking Podcast***

"Un libro scritto in modo eccellente. Le meditazioni proposte rinforzano l'unione tra corpo, mente, cuore e spirito."

—**Rev. Katherine R. O'Connell, PhD, psicologa**

"La forza dell'approccio di Stephen sta nell'identificare le resistenze mentali alle qualità salutari del cuore e nel fornire le modalità per scioglierle attraverso pratici e utili esercizi. È rinfrescante leggere dell'importanza del cuore nelle pratiche di meditazione, nutrite dalla profonda competenza di Stephen in una vasta gamma di tradizioni meditative."

—**Pyi Phyo Kyaw, PhD, direttrice degli affari accademici, Shan State Buddhist University, Birmania**

"Questo libro, accessibile e dalle diverse chiavi di lettura, ci invita a tornare continuamente alla nostra esperienza diretta: per indagare i nostri cuori, per scoprire e gustare il sapore della realtà così com'è, per fidarci degli insegnamenti e delle profondità che serbano per ciascuno di noi, e per credere che un profondo risveglio sia possibile in un mondo immerso nell'illusione."

—**Laura Hauer, direttrice esecutiva del Cloud Mountain Retreat Center**

"Leggere *Cuore di Buddha* è stato come tornare veramente a casa, a ciò che è più vero. L'approccio chiaro e conciso di Stephen a queste pratiche antiche affronta sia il loro aspetto psicologico che quello spirituale."

—**Claire Charney, MSW, LICSW**

"Mentre molti maestri buddhisti concentrano il loro insegnamento sull'area dell'addome e della testa, Stephen attira la nostra attenzione sul cuore, questo sottile e fondamentale centro dell'Essere. In modo gentile e sicuro ci guida attraverso pratiche antiche, dedicate allo sviluppo di qualità essenziali per poter vivere una vita piena e compassionevole in questo mondo."

—**Rev. Kevin G. Thew Forrester, PhD, Parrocchia Episcopale di St. Stephen**

"Per i principianti *Cuore di Buddha* delinea un percorso chiaro di pratiche del cuore. Per chi ha già esperienza, la bella e limpida descrizione delle comprensioni ultime del sentiero ha il potere di rendere chiare le esperienze e aprire nuove porte. È un libro speciale, che parla con una grazia, eloquenza e completezza difficili da trovare altrove."

—**Susie Harrington, insegnante di meditazione, Desert Dharma**

"Come monaco praticante presso il Pa-Auk Forest Monastery mi rivolgo regolarmente agli insegnamenti di Stephen per ottenere spiegazioni chiare ed esaustive riguardanti le pratiche e le meditazioni buddhiste. Grazie a pratiche come i *brahmavihāra* (letteralmente "le dimore degli dèi") e alla descrizione del *nibbāna* stesso, questo libro è prezioso per i praticanti sia novizi che esperti."

—**Ñānavira, Matthew Buckley, monaco buddhista, Birmania**

"Un libro di rara preziosità, che guida con maestria i praticanti attraverso un percorso chiaro e dettagliato con l'obiettivo di aprire il cuore e, nel contempo, indicare le resistenze più comuni e sottili dell'ego."

—**Andrea Serafino, insegnante di Mindfulness e fondatore di Jhāna Retreat, Italia**

"Pura ispirazione e fonte di speranza! *Cuore di Buddha* ti lascia con il desiderio di intraprendere una profonda indagine interiore, ed è una guida perfetta per accendere la tua luce interiore e il tuo cuore gioioso!"

—**Thomas Jedensjo, studente esperto di meditazione Svezia**

"Questo libro è significativo sia come guida a una serie di pratiche inestimabili sia come fonte di ispirazione per chi tra noi cerca di applicare gli insegnamenti buddhisti nella vita quotidiana. *Cuore di Buddha* mi ha motivato e incoraggiato a intraprendere queste pratiche a un livello più profondo, un effetto che sono sicuro sperimenteranno molti lettori."

—**Jonathan Lilly, PhD, ricercatore scientifico**

"Una guida meravigliosa, che descrive come il sentiero buddhista possa portare a un'autentica pace interiore e una felicità incondizionata. Studiando gli "incommensurabili", Stephen ci invita a muoverci dalla povertà del desiderio verso la ricca "talità" dell'essere."

—**Judy F. Kennedy, PhD, psicologa e business consultant**

"Un manuale chiaro e pratico, che insegna passo passo le meditazioni *brahmavihāra* al principiante e al praticante stagionato, alla ricerca della verità Assoluta."

—**Tomislav Marić, antropologo, educatore e studente esperto di meditazione, Regno Unito**

"Una concisa e inestimabile guida alle qualità e alle sfumature del cuore."

—**Andrea Magoni, studente esperto di meditazione e traduttore in italiano di *Cuore di Buddha*, Italia**

CUORE DI BUDDHA

CUORE DI BUDDHA

*La pratica della
meditazione per
sviluppare benessere,
amore ed empatia*

Stephen Snyder

Copyright 2023 © Stephen Snyder

Tutti i diritti riservati. Nessuna parte di questa pubblicazione può essere riprodotta, conservata in un sistema di raccolta o trasmessa in qualsiasi forma e attraverso qualsiasi mezzo, senza previo permesso scritto da parte dell'editore.

Le informazioni contenute in questo volume non sostituiscono la consultazione di professionisti nel campo della salute. I problemi di salute di ciascun individuo devono essere valutati da un professionista qualificato.

Buddha's Heart Press
c/o Awakening Dharma
p.o. Box 2092
Midland, mi 48641
www.awakeningdharma.org

Library of Congress Control Number: 2023909194
isbn 978-1-7347810-9-0 (cartaceo)
isbn 979-8-9881720-0-0 (e-book)

Traduzione italiana: Andrea Magoni, Donatella Levi
Revisione testi: Giulia Giani
Copertina e grafica: Jazmin Welch
Direzione progetto: Carra Simpson

*Dedico questo libro al Buddha Shakyamuni
per la fulgida luce della sua
realizzazione e del suo insegnamento.
La luce della realizzazione splende
sempre in questo esatto momento.*

Indice

1 Introduzione

11 I fondamenti

- 15 CAPITOLO 1 *Il punto di vista del cuore*
- 21 CAPITOLO 2 *Il supporto salutare*
- 39 CAPITOLO 3 *La meditazione di concentrazione*

43 Le meditazioni del cuore

- 55 CAPITOLO 4 *La bontà innata*
- 71 CAPITOLO 5 Upekkhā, *l'equanimità*
- 85 CAPITOLO 6 Muditā, *la gioia empatica*
- 99 CAPITOLO 7 Karuṇā, *la compassione*
- 115 CAPITOLO 8 Mettā, *la gentilezza amorevole*

137 La purificazione del cuore

- 143 CAPITOLO 9 *La pratica della gratitudine*
- 155 CAPITOLO 10 *La pratica del perdono*
- 169 CAPITOLO 11 *L'Unità del Reale*

185 *Il coronamento*

189 CAPITOLO 12 *La tenerezza del cuore*
193 CAPITOLO 13 *Il punto di vista dell'Assoluto*

211 *Conclusione*

215 *Ringraziamenti*

Introduzione

DESTREGGIARSI NELLA QUOTIDIANITÀ non è mai stato così complicato. Le richieste incessanti della vita disturbano il nostro stato interiore di serena quiete. Le interruzioni costanti della tecnologia possono farci pensare di essere privi di un sostegno interiore, impotenti e senza speranza. Ma c'è un'alternativa al sentirsi sopraffatti dalla vita: possiamo rivolgerci alla nostra dimensione interiore e intraprendere le pratiche buddhiste del cuore, che leniscono e nutrono l'anima. Queste antiche meditazioni ci consentono di toccare con gentilezza e amorevolezza i nostri cuori contratti e feriti, aprendoci, al tempo stesso, al fluire delle qualità incondizionate del cuore, che appartengono alla nostra natura più profonda. Impegnarsi in queste meditazioni significa seguire una formula per rilassare le resistenze che abbiamo appreso verso qualità del cuore come, ad esempio, la compassione, aprendoci a riceverla verso noi stessi e a dirigerla, infine, a beneficio degli altri. Ho scoperto come molti miei studenti,

Ho scoperto che le meditazioni del cuore sono un balsamo per l'anima, oltre a essere un portale verso il risveglio spirituale e un'auto-realizzazione sempre più profonda.

che le meditazioni del cuore sono un balsamo per l'anima, oltre a essere un portale verso il risveglio spirituale e un'auto-realizzazione sempre più profonda. Mentre il mondo si avvia verso una crescente sovrastimolazione, causata dalle incessanti notizie e dai costanti aggiornamenti dei social media, diventa fondamentale trovare il conforto sereno e nutriente offerto dalle pratiche contenute in questo libro, contattando e coltivando un profondo senso di unione con tutti gli altri esseri. Il contatto continuo con questa connessione indivisa del cuore che ci unisce a tutti gli esseri viventi ci offre l'incrollabile comprensione che non siamo mai realmente isolati o soli.

Ho scoperto per la prima volta le meditazioni buddhiste del cuore negli anni '90. A quel tempo, non riuscivo a trovare libri sull'argomento, poi ho incontrato una persona che aveva appreso queste pratiche in un monastero in Asia. Sebbene mi sentissi maldestro all'inizio delle meditazioni,

Introduzione

potevo avvertire una crescente connessione con il cuore. A quel punto della mia vita mi consideravo un "praticante di testa e di pancia", ossia avevo una comprensione intellettuale e avevo sviluppato una conoscenza intuitiva, ma la zona del cuore mi rimaneva piuttosto inaccessibile. Alla fine, imparai che andare in profondità nella meditazione (pancia) e concettualizzare gli aspetti emotivi (testa) erano entrambe modalità insufficienti per lavorare con le problematiche emozionali che mi si presentavano. Se non mi fossi aperto alla vulnerabilità del cuore non avrei provato alcun sollievo. Negli anni seguenti trovai conforto nel rivolgermi a queste pratiche del cuore ogni volta che mi sentivo disconnesso dal mio sé più profondo, particolarmente nei momenti di tumulto emotivo.

Non ho affrontato a fondo queste meditazioni fino al 2004 quando, durante un ritiro di due mesi, e con il supporto del mio insegnante, il Venerabile Pa Auk Sayadaw, le ho intraprese a un alto livello di assorbimento meditativo chiamato *jhāna*. Le pratiche sono penetrate non solo nella mia coscienza ma anche nei recessi più reconditi del mio cuore, aprendoli e risvegliandoli attraverso l'intensità della concentrazione nei *jhāna*. Questo profondo e intenso livello di accesso alle qualità incondizionate del cuore mi ha trasformato. Ho conosciuto la connessione profonda sempre presente tra tutti gli esseri viventi, e questo mi ha dato conforto. Conoscendo intimamente questa ininterrotta connessione con la vita tutta, mi sono potuto aprire a ricevere le qualità universali del cuore descritte in questo libro.

Dopo il ritiro di due mesi, il Venerabile Pa Auk Sayadaw mi ha incoraggiato a scrivere il libro *La pratica dei Jhāna* insieme a un'altra allieva esperta, ritenendo che anche altri potessero essere interessati a conoscere queste antiche meditazioni dalla prospettiva moderna di un praticante occidentale esperto. Nel 2006 mi ha invitato a insegnare con lui in un ritiro che prevedeva anche la sua supervisione ai miei colloqui individuali con gli studenti, e alla fine del ritiro mi ha autorizzato all'insegnamento come uno dei primi insegnanti occidentali laici del suo lignaggio.

Insegnando e guidando gli studenti in ritiro ho cominciato a osservare che diverse condizioni impedivano loro di accedere a queste pratiche di "purificazione del cuore": blocchi psicologici e resistenze, il profondo convincimento di un sé separato, e l'opinione che questi stati del cuore fossero semplicemente emozioni. Ho scritto questo libro per descrivere questi ostacoli e condividere le mie esperienze di pratica, nella speranza di aiutare i meditanti sia principianti che esperti ad aprirsi più pienamente a queste sublimi e salutari qualità.

In ogni progetto si ha bisogno di basi stabili e sicure su cui fondarsi. Il Capitolo 1, "Il punto di vista del cuore", ci

Introduzione

orienta alla realtà della nostra vera e più profonda natura, spiegando perché tendiamo a trascurare il caldo supporto disponibile nella connessione fondamentale con tutti gli esseri viventi. Quindi ci volgiamo alle preparazioni necessarie alle successive meditazioni del cuore. Il Capitolo 2, "Il supporto salutare", è una profonda disamina dei precetti buddhisti che rendono più abili le nostre azioni, minimizzando rimorsi e rimpianti. Nel Capitolo 3 impariamo ad ancorare la nostra pratica alla meditazione di concentrazione, specificatamente alla "consapevolezza del respiro". La meditazione di concentrazione è il carburante che alimenta il nostro viaggio nelle vaste profondità del cuore. Questa prima sezione, "I fondamenti", costituirà probabilmente un ripasso per il meditante esperto.

Le meditazioni del cuore presenti nella sezione seguente sono meditazioni buddhiste tradizionali, tramandate da insegnante a studente per oltre 2500 anni. Queste meditazioni senza tempo, eppure così attuali, sono a disposizione di chiunque desideri scoprire il gioiello prezioso dell'amore, ammorbidendo e guarendo un cuore contratto e ferito. Ogni meditazione dal Capitolo 4 al Capitolo 8 (bontà innata, *Upekkhā* o equanimità, *Muditā* o gioia empatica, *Karuṇā* o compassione e *Mettā* o gentilezza amorevole) ci apre a una differente risonanza del cuore, rivelandone le resistenze, le ferite e l'incredibile bellezza curativa. Una parte cruciale del processo, che viene esplorata in un modo del tutto specifico in questa sezione del libro, consiste nel riconoscere e comprendere le proprie resistenze, come la rabbia, l'odio e l'invidia. Quando abbiamo la libertà e il permesso interiore di *sentire* queste emozioni negative senza agire di conseguenza, quelle stesse emozioni perdono la maggior parte del loro potere inconscio, che altrimenti soffocherebbe le tenere qualità del cuore evidenziate da queste meditazioni.

Il meditante esperto troverà in queste meditazioni una progressione e un approfondimento crescenti: ognuna può espandersi al punto che la nostra percezione di essere un corpo o una mente viene abbandonata e la nostra consapevolezza riposa in ogni pura qualità del cuore condividendone l'essenza. Immergersi nel proprio cuore puro e radioso modifica profondamente la comprensione di chi e cosa siamo, permettendoci di approfondire le nostre relazioni personali e amorose attraverso la condivisione di un cuore sempre meno difeso.

Principianti ed esperti troveranno che le pratiche contenute nella sezione "La purificazione del cuore" sono utili per dirigere la consapevolezza meditativa alla gratitudine verso le benedizioni della vita (Capitolo 9), offrendo perdono a noi stessi e agli altri, e aprendoci alle ferite che teniamo strettamente occultate per proteggerci (Capitolo 10). Il Capitolo 11 invita quindi tutti i lettori a immergersi nell'Unità indivisa della realtà, evidenziando l'abbraccio dell'Unità nei confronti di ognuno di noi.

Infine, nella sezione "Il coronamento" vediamo i risultati derivanti dal nostro impegno in queste pratiche e meditazioni, che sono veramente in grado di cambiarci la vita. Il Capitolo 12 mostra come queste qualità del cuore possano manifestarsi spontaneamente—e lo faranno senz'altro—per rispondere perfettamente alla sofferenza nel mondo. Questo è il naturale funzionamento della saggezza del cuore. Quindi, nel Capitolo 13, esploriamo il viaggio dalle profondità della dimensione dell'Assoluto, attraverso le realtà senza forma e le esperienze dell'assenza del sé e del non-sé fino alla nostra realtà quotidiana. Comprendere questo viaggio di scoperta ci aiuta a capire direttamente che queste qualità del cuore hanno origine da una sorgente incondizionata e infinita.

Suggerisco che la prima volta leggiate il libro dall'inizio alla fine con un cuore e una mente aperti. Concedetevi di assorbire pienamente ogni sezione e ogni capitolo. Una volta che avrete finito il libro, iniziate le meditazioni o le pratiche che più vi attirano o che vi sono state consigliate dal vostro insegnante. In ogni meditazione ed esercizio prendetevi tutto il tempo necessario. Siate aperti e curiosi, senza aspettative e senza tendere a un qualche risultato specifico. Immergetevi nella saggezza del cuore e nella gioia di ciascuna pratica. Vi incoraggio a tenere un diario per riportare su carta quello che imparate riguardo a ogni meditazione, quali resistenze incontrate ma anche in che modo ne siete influenzati e cambiati.

Infine, lasciate che queste pratiche lavorino in voi e su di voi. Concedetevi qualche settimana o un mese per immergervi profondamente in ogni pratica e meditazione. Seguite il sentiero indicato da queste pratiche senza alcuna aspettativa. Riconsiderate a fondo la vostra vita per identificare persone e cose a cui potete rivolgere la vostra sincera gratitudine. Siate aperti, teneri e disposti a entrare in contatto con le ferite che albergano nel vostro cuore, mentre sinceramente offrite perdono a voi stessi e agli altri,

Maggiore è la vostra inclinazione a essere coinvolti e cambiati, più profonda sarà la vostra trasformazione. Più tenero diventa il vostro cuore, più sarete resilienti, flessibili e capaci di giuste risposte. L'ironia è che, più diventiamo autenticamente vulnerabili, più siamo protetti e al sicuro.

Introduzione

disponibili a essere nuovi a voi stessi mentre il vostro tenero cuore vi guida e vi nutre.

Consiglio a ciascun lettore e praticante di concedersi di essere il più morbido e permeabile possibile mentre si impegna in queste pratiche. Maggiore è la vostra inclinazione a essere coinvolti e cambiati, più profonda sarà la vostra trasformazione. Più tenero diventa il vostro cuore, più sarete resilienti, flessibili e capaci di giuste risposte. L'ironia è che, più diventiamo autenticamente vulnerabili, più siamo protetti e al sicuro. Quando ci sentiamo al sicuro, sostenuti dal nostro cuore, ciò che una volta ci avrebbe ferito ora ci attraversa senza lasciare traccia. Questo avviene perché possiamo sentire più profondamente, essendo meno contratti a causa della nostra storia, e dunque in grado di rispondere in un modo che, in quel momento, sia davvero autentico per noi.

I fondamenti

COMINCEREMO IL NOSTRO VIAGGIO nelle profondità del cuore esplorando nel Capitolo 1 "Il punto di vista del cuore". Abbiamo iniziato questa vita in un'Unità indivisibile. Questa era la nostra connessione primaria alla sorgente della realtà tutta. La perdita, o la diminuzione, di questa connessione intima ci ha spinto a cercare amore nei nostri genitori, nella famiglia e negli amici attraverso relazioni strette. Sebbene queste persone possano offrire cure e amore, non possono tuttavia rispondere alla nostra aspirazione interiore di ritornare a uno stato di Unione con la Sorgente. Mi aspetto che questo capitolo risuoni intuitivamente in molti lettori. Questa risonanza rafforza la fiducia interiore di essere accolti e amati dalla Sorgente. Sapere che siamo connessi, inclusi e sostenuti con amore ci permette di aprire più profondamente il nostro tenero cuore nelle sue meditazioni.

Usiamo i precetti buddhisti come una guida per vivere una vita che sia la più consapevole e limpida possibile. Essi codificano il naturale funzionamento della Sorgente, la dimensione dell'Assoluto, mentre anima ogni aspetto della vita. Nel Capitolo 2, i precetti vengono presentati dal punto di vista esteriore, che è il punto di vista mondano; dal punto di vista interiore, che rivela le inclinazioni della nostra personalità e le dinamiche psicologiche; e dal punto di vista segreto, che esprime la connessione indivisa con la Sorgente, la dimensione dell'Assoluto, ed è ancorato ad essa. Includere i precetti nella vita quotidiana e nei ritiri favorisce un vivere più salutare, in armonia con la nostra più profonda natura risvegliata.

Un altro importante sostegno alle pratiche del Cuore di Buddha è la meditazione di concentrazione, il focus del Capitolo 3. La concentrazione è una pratica di meditazione basilare. Quasi ogni religione maggiore o gruppo spirituale ha una forma di meditazione concentrativa, che consiste nel mantenere un oggetto meditativo nella consapevolezza a esclusione di tutto il resto. La meditazione di concentrazione sviluppa la nostra abilità nel mantenere la consapevolezza su un oggetto meditativo senza interruzioni significative, mentre promuove un maggiore rilassamento e agio. Familiarizzare con questa meditazione e praticarla regolarmente vi consentirà di immergervi più profondamente nelle meditazioni di questo libro e nelle vostre pratiche abituali.

1
Il punto di vista del cuore

QUANDO NASCIAMO, come neonati siamo connessi con la nostra natura più profonda, il nostro vero sé, quella che chiamo la "Presenza dell'Assoluto". La dimensione dell'Assoluto è la sorgente di tutti i fenomeni, di tutta la vita. La connessione che i bambini piccoli hanno con la Presenza dell'Assoluto non è una *conoscenza risvegliata*, come può avvenire nel dispiegarsi maturo di una pratica o di una vita spirituale. Il contatto del bambino è una connessione con la Sorgente, la dimensione dell'Assoluto, che non è ancora stata perturbata o interrotta dallo sviluppo della personalità.

Man mano che sviluppano una personalità mentalmente strutturata, i bambini socializzano sempre di più con la famiglia d'origine e con i loro caregiver. Si sentono inizialmente connessi con tutte le persone presenti nel loro mondo in un'unità indivisa chiamata in psicologia "unità duale". Per sapere di più su questo processo potete leggere *La nascita psicologica del bambino* di Margaret S. Mahler, Fred Pine e Anni Bergman.

Durante la fase di unità duale dello sviluppo infantile i neonati non sono in grado di distinguere sé stessi dai loro caregiver. Per il bambino vi è unità tra coscienza e identità, che è anche un'unione tra l'Unità e la qualità della Presenza appartenente alla dimensione dell'Assoluto.

In seguito, man mano che i bambini cominciano a sviluppare una personalità psicologicamente strutturata, la percezione dell'unità duale svanisce, e ciò segna un distacco dalla connessione con la Presenza dell'Assoluto. Col tempo, con il graduale consolidamento della personalità del bambino e la sua crescente identificazione con essa l'esperienza della connessione con la Presenza svanisce dalla memoria. Alcuni adulti sembrano avere un vago ricordo di questa intima connessione infantile con la Presenza, altri no.

Con la progressiva scomparsa della connessione interiore con la Presenza dell'Assoluto, si sviluppa un desiderio interiore, un anelito del cuore verso il ritorno a quell'unità indivisa con la Presenza. L'anelito del cuore non è specificatamente orientato alla Presenza dell'Assoluto, ma è piuttosto un desiderio imprecisato di un amore indistruttibile. Insieme a questa brama del cuore, c'è la consapevolezza di essere separati, alla deriva nella vita, con una sensazione persistente di perdita irrimediabile. Questa percezione di perdita per-

Il punto di vista del cuore

manente lascia molti di noi con un profondo, inestinguibile desiderio d'amore. Aspiriamo a ristabilire l'amore fusionale, così soddisfacente, con un altro a noi prezioso.

La brama d'amore ci spinge a cercare l'amore al di fuori di noi. Ci rivolgiamo agli altri non solo perché riconoscano il nostro profondo desiderio, la nostra crescente disperazione, ma anche per colmare completamente il vuoto doloroso nei nostri cuori. Quando ci leghiamo a una persona amata, speriamo che i nostri bisogni vengano soddisfatti e che le sofferenze del nostro cuore vengano lenite. La verità è che nessun altro può conoscere pienamente l'anelito del nostro cuore o riempire quel vuoto doloroso. Alla fine, quando concludiamo che la persona che amiamo è incapace di soddisfare il nostro profondo anelito, sperimentiamo un senso di perdita ancora più profondo e lancinante. Scoprire che la persona amata non può risolvere la nostra brama di connessione e completezza spinge molte persone a cercare una persona diversa da amare che possa lenire questa profonda sofferenza del cuore. La brama può essere avvertita anche come una fame interiore che non dà pace. Questa fame interiore può essere saziata solo dall'amore dell'Assoluto. L'amore è il mezzo attraverso cui la Presenza dell'Assoluto si esprime. Cerchiamo di placare la fame del nostro cuore con l'amore di una persona per noi speciale, con il cibo o con l'alcool, con sostanze intossicanti che annebbiano la mente, oppure con relazioni sessuali eccessive o inappropriate. Queste distrazioni non soddisferanno mai l'anelito del cuore, si limiteranno ad anestetizzarlo, nascondendolo temporaneamente alla nostra vista.

C'è solo un modo per lenire questo dolore permanente del cuore: risvegliarsi alla Presenza dell'Assoluto e riconoscerlo in quanto nucleo della nostra identità. Questa fame d'amore inizia ad essere soddisfatta a partire dal Primo Risveglio. Un Primo Risveglio è un risveglio all'amore eterno, contrassegnato dalla trasparenza dell'Io. In un Primo Risveglio la coscienza si fonde con la consapevolezza eterna che è la Presenza dell'Assoluto, e in esso l'anelito del cuore si sentirà forse per la prima volta placato e lenito, aprendo la strada verso un amore profondamente soddisfacente, vero, incondizionato e accettante. Ho incluso l'esperienza del mio Primo Risveglio nel Capitolo 11, "L'Unità del Reale", per mostrare come tutto questo può manifestarsi.

La Presenza dell'Assoluto viene avvertita attraverso una sensazione di amore appagato. L'amore appagato è la qualità interiore, la vitalità, la tenerezza, la forza che infonde e anima la vita nel suo insieme. Questo significa che tutto ciò che possiamo vedere, udire o toccare è composto da questo amore profondamente soddisfacente. Quando saremo risvegliati a quest'amore, e in contatto continuo con esso, i nostri cuori verranno toccati in modo autentico. Questo

Il punto di vista del cuore

amore inclusivo è l'accettazione profondamente accogliente della Presenza. Il contatto prolungato con l'amore universale dà inizio al viaggio che placherà la nostra brama, e soddisferà la nostra fame interiore, il dolore e l'anelito più profondo del nostro cuore.

È attraverso la connessione prolungata con la Presenza dell'Assoluto che il dolore nel cuore di tutta una vita si sente considerato e può riposare con un senso di agio. Man mano che la connessione con la Presenza si approfondisce e inizia a sostenerci allentiamo la presa sulla nostra identificazione con il dolore del cuore, e il nostro comportamento compulsivo si rilassa. La definizione di noi stessi si sposta verso la Presenza come nucleo della nostra identità. Attraverso un contatto prolungato con l'amore della Presenza, il fondamento della nostra personalità comincia a spostarsi dal dolore del cuore all'infinito amore della Presenza—la nostra

È attraverso la connessione prolungata con la Presenza dell'Assoluto che il dolore nel cuore di tutta una vita si sente considerato e può riposare con un senso di agio.

vera, autentica identità. La vera identità della Presenza è un diritto di nascita.

Ecco perché imparare, praticare e integrare le profonde meditazioni del cuore contenute in questo libro è di vitale importanza per la nostra maturazione spirituale. Ogni meditazione apre a una differente qualità della vera natura nel nostro cuore, approfondendo al tempo stesso il contatto e la connessione con la Presenza dell'Assoluto.

2
Il supporto salutare

SĪLA (LA "CONDOTTA SALUTARE") è una solida base per il nostro viaggio nel Cuore di Buddha. Mantenere una condotta salutare significa agire partendo da una prospettiva autentica e di cuore; significa esaminare le proprie intenzioni, riflettendo se il comportamento esteriore corrisponde alla comprensione interiore. Significa diventare esseri umani il più possibile veri.

Sīla viene spesso tradotto come "moralità" o "etica", ma nel mio insegnamento ho sempre usato l'espressione "condotta salutare". Le parole "etica" e "moralità" implicano un giudizio, che in "condotta salutare" è invece lieve o assente, rendendo il concetto più accessibile agli studenti.

Il processo di vivere in modo salutare inizia con la richiesta di prendere rifugio nel Buddha, nel Dhamma (Dharma) e nel Saṅgha. Nel prendere rifugio cerchiamo un supporto per la nostra pratica spirituale e, al contempo, riconosciamo il Buddha, il Dhamma e il Saṅgha. I rifugi rappresentano una dimensione in cui possiamo trovare riposo quando ci sentiamo stanchi. Li portiamo con noi come fonte di ispirazione per il dispiegarsi della nostra realizzazione. Quando mi riferisco al Buddha mi riferisco sia al Buddha storico, Shakyamuni, sia al potenziale di ognuno di noi di essere un Buddha pienamente operativo e autorealizzato. *Dhamma* viene comunemente tradotto come "insegnamento", e dovrebbe essere presentato in modo da trasmettere la veridicità delle pratiche così come la loro diretta applicabilità alla nostra vita quotidiana. *Saṅgha* viene tradotto come "comunità". È la comunità locale e internazionale dei praticanti buddhisti, che intraprendono le diverse pratiche e si impegnano a condurre una vita salutare, arrecando il minor danno possibile. Il *Saṅgha* include sia laici che monaci.

Se la propria richiesta di prendere rifugio è profondamente sincera e la si ripete per tre volte, la tradizione vuole che l'insegnante non possa rifiutarla. Nei ritiri di meditazione, una volta che abbiamo chiesto tre volte, in prima persona, di prendere rifugio, è consuetudine prendere i precetti, che fanno anch'essi parte di *sīla*. I precetti buddhisti sono guide salutari o unità di misura degli effetti del nostro comportamento, e sono utilizzati come ristoro e sostegno per il viaggio di esplorazione nella nostra interiorità più profonda. Nel buddhismo *theravāda* i precetti vengono cantati in tutto il mondo in *pāli*, la lingua che si usava ai tempi del Buddha.

In questo capitolo, presenterò i precetti nella nostra lingua, trattando di ognuno la comprensione esterna, interna e segreta. Quella esterna è la comprensione più evidente e mondana. L'aspetto interno dei precetti sottolinea il rapporto tra pensiero, emozione e intento del precetto. La conoscenza segreta deriva dalla prospettiva della nostra comprensione meditativa. Man mano che la nostra meditazione si approfondisce ed entriamo in un contatto sempre più intimo con la Presenza dell'Assoluto, anche il nostro conoscere intuitivo diventa più profondo. Il significato segreto ci aiuta a navigare le correnti della vita e ci chiarisce il senso dei precetti, mentre viviamo e ci esprimiamo a partire dal nostro livello di comprensione intuitiva.

Primo precetto: «Assumo il precetto di astenermi dall'uccidere esseri viventi».

Comprensione esterna: la comprensione esterna corrisponde al fatto che non porremo fine alla vita di alcun essere vivente. Ciò significa astenersi dall'uccidere consapevolmente altri esseri. Nella sua applicazione pratica, il nostro comportamento deve essere congruente con i nostri valori, al tempo stesso permettendo alla nostra esistenza di proseguire. Con il semplice fatto di vivere e mangiare sopprimiamo delle vite; uccidiamo inavvertitamente insetti e forme di vita a noi invisibili. Abbiamo bisogno di mangiare per sopravvivere, pertanto uccidiamo piante, e forse anche animali, affinché la nostra vita possa continuare. Alcuni di noi useranno mezzi non cruenti per catturare e liberare gli insetti all'esterno, invece di ucciderli subito come è uso talvolta nella nostra cultura. Alcune persone si sentiranno più in sintonia con la condotta salutare interiore astenendosi dal mangiare carne. Non c'è un'unica risposta corretta ai problemi riguardanti il sostentamento. Si tratta di scelte personali che ognuno di noi deve fare, cercando di essere il più coerenti possibile con il proprio orientamento interiore e la propria comprensione spirituale.

Comprensione interna: l'applicazione interna di questo precetto consiste nel monitorare i contenuti dei nostri pensieri. Internamente possiamo essere consapevoli della nostra connessione indivisa con gli esseri viventi e con l'intera vita, fino ad averne una conoscenza diretta. Quando, tramite i nostri pensieri, vediamo gli altri come separati da noi ed estranei, stiamo cercando di dividere la qualità della nostra natura più profonda, che è interamente completa e incapace di dividersi. Possiamo riconoscere questo schema abituale di pensiero quando siamo molto critici e sprezzanti nei confronti degli altri. Nel cercare di dividere la completezza della nostra vera natura stiamo dando priorità alla nostra personalità rispetto alla conoscenza e alla profonda comprensione interiore della completa unità di ogni cosa.

Comprensione segreta: la nostra natura più profonda, quella dell'Essere, che nel buddhismo viene chiamata l'Assoluto, si manifesta in ogni entità vivente e forma di vita. La realtà è che tutti i fenomeni sono della stessa sostanza, e anche noi lo siamo. Quando diamo priorità alla nostra personalità rispetto alla realtà dell'Unità, rigettiamo la nostra verità più profonda, tagliandoci fuori dalla sostanziale connessione con gli altri. È una sorta di uccisione della presenza naturale e del funzionamento intelligente dell'Assoluto.

Secondo precetto: «Assumo il precetto di astenermi dal prendere ciò che non mi è stato dato».

Comprensione esterna: a un livello superficiale, astenersi dal prendere ciò che non è stato dato significa non rubare, ma significa anche non servirsi di qualcosa che non è stato liberamente ed espressamente offerto. Potrebbe esserci, ad esempio, una ciotola di caramelle in bella vista e potremmo prenderne un po', presumendo che esse siano a disposizione di tutti. Applicando questo precetto, prima di servirci dovremmo chiedere conferma del fatto che le caramelle siano state effettivamente offerte. Questo approccio ci permette di essere chiari nella nostra comprensione e nelle nostre azioni, e di essere coerenti con i nostri valori. Minimizza, inoltre, il senso di colpa o il rimorso che potremmo provare in seguito, se venissimo a sapere che un oggetto che abbiamo preso non ci era stato offerto.

Comprensione interna: nella sfera interiore, l'appropriazione di solito si manifesta sotto forma di invidia e gelosia. Vediamo ciò che gli altri possiedono, persino la loro felicità, e lo vogliamo per noi, al fine di lenire il nostro senso di mancanza interiore. Questo significa che avvertiamo una carenza, senza sapere come colmarla. Generalmente, cerchiamo di soddisfare questo bisogno con possedimenti materiali. Pensiamo che se solo potessimo ottenere quel particolare oggetto che ci manca, ci sentiremmo sicuri, realizzati e completi. Solitamente quando otteniamo l'oggetto desiderato esso soddisfa nell'immediato la nostra fame interiore, ma ben presto quello stesso oggetto da soddisfacente diventa ordinario, e ritorniamo al nostro senso di mancanza. Siamo sempre convinti di essere carenti di qualcosa, e la brama di completezza sorge nuovamente.

Comprensione segreta: siamo una parte indivisa dell'intero universo ed è impossibile essere separati dalla completezza dell'Assoluto. Non siamo mai stati divisi, né siamo mai stati scacciati o rifiutati. In realtà, siamo noi che abbiamo voltato le spalle alla Presenza dell'Assoluto investendo tutto nella nostra personalità, come se essa fosse il solo punto di vista da cui osservare la realtà. Questa è una credenza psicologica di base. Dovremmo accettare maggiormente l'Assoluto nella sua qualità di Sorgente e partecipare al suo flusso naturale, che porta soddisfacimento ai nostri bisogni. Non siamo arricchiti dall'accumulare né soddisfatti dal concupire cose altrui. Quando siamo in contatto con il modo naturale di essere dell'universo, tutto è una parte indivisa di ciascuno di noi. Siamo profondamente appagati di essere chi siamo, così come siamo, e di ciò che abbiamo. Ciò che ci è più necessario apparirà nella nostra vita al momento giusto e con perfetta armonia. Non sarà necessariamente ciò che vogliamo, ma sarà ciò di cui abbiamo bisogno. Quando conosciamo direttamente la natura indivisa dell'universo, non desideriamo nulla, e ciò di cui abbiamo bisogno appare spontaneamente. La fiducia sorge dal nostro stato interconnesso e appagato. Vediamo che ciò che c'è qui, in questo momento, è sufficiente, e possiamo esserne profondamente soddisfatti.

Non siamo arricchiti dall'accumulare né soddisfatti dal concupire cose altrui. Quando siamo in contatto con il modo naturale di essere dell'universo, tutto è una parte indivisa di ciascuno di noi. Siamo profondamente appagati di essere chi siamo, così come siamo, e di ciò che abbiamo.

Terzo precetto: «Assumo il precetto di astenermi da (ogni) attività sessuale».

Comprensione esterna: questo precetto è pensato per i ritiri. In ritiro ogni attività sessuale cessa. Usiamo questa potente energia, che solitamente rilasciamo durante il sesso, per il nostro cammino spirituale, approfondendo così la nostra evoluzione verso la realizzazione. La cosa ottimale è coltivare questa energia mentre si è in ritiro.

I laici applicano questo precetto alla vita quotidiana usando l'energia sessuale e la sessualità in modo responsabile, partecipando al sesso in modo consapevole, deliberatamente, in modi salutari e mutualmente benefici. Per alcuni questo significa godere del sesso in una relazione stabile con un solo partner, per altri vuol dire essere coerenti con la propria verità e responsabili nei confronti di eventuali partner, esprimendo la sessualità con senso di integrità.

Comprensione interna: a livello interiore, il precetto si riferisce al nostro approccio mentale nei confronti del sesso. In questo contesto osserviamo i pensieri che dedichiamo alle relazioni amorose e al sesso, e notiamo come li idealizziamo. Scopriamo quanta energia mentale spendiamo in un'intimità fusionale, nella ideazione/idealizzazione sessuale, e nel fantasticare, e come stiamo forse introducendo invidia e gelosia nelle relazioni.

Dal punto di vista della pratica spirituale, questo precetto ci insegna a monitorare l'attività mentale per notare quando fantastichiamo nel desiderare un partner che non è disponibile. Possiamo essere in contatto con una sensazione di "mancanza" e trovarci a cercare mentalmente qualcuno che ci distragga dai nostri sentimenti di inadeguatezza. Questo significa che osserviamo il modo in cui pensiamo, i nostri sogni a occhi aperti, come vogliamo che qualcun altro ci renda completi e ci faccia sentire accettati e amati.

Comprensione segreta: dalla prospettiva della realtà ultima, siamo profondamente connessi alla Presenza dell'Assoluto, che include tutti gli altri esseri. Non percepiamo alcun senso di mancanza, nessun bisogno di essere visti, apprezzati o stimati al fine di sentire la nostra innata completezza. L'attività sessuale con un partner stabile è un modo intimo di affermare la vita. Quando siamo profondamente connessi a un'altra persona non c'è alcun desiderio di usare l'attività sessuale per allontanare da noi sentimenti di bisogno. L'attività sessuale, quando intrapresa con un profondo intento spirituale, può essere un'opportunità per approfondire la nostra consapevolezza nella qualità indivisa dell'Assoluto, attraverso una connessione e un legame intimi e prolungati con un'altra persona.

Quarto precetto: «Assumo il precetto di astenermi dai discorsi menzogneri».

Comprensione esterna: nel contesto di un ritiro silenzioso non è difficile da mantenere ma, nella vita di tutti i giorni, questo precetto ci invita ad astenerci dal dire ciò che sappiamo essere falso. Il precetto ci incoraggia ad essere sinceri e a rinunciare al pettegolezzo e alle chiacchiere. Cerchiamo di evitare di danneggiare gli altri o noi stessi tramite la parola.

Il precetto si riferisce ad una comunicazione che parte dal cuore, senza alcun livello o intento manipolatorio.

Comprensione interna: a livello interno, la falsità risiede tipicamente nel dialogo interiore. Esso ripete internamente la "nostra storia" per riaffermare e reificare ciò che pensiamo di essere. È un tentativo di puntellare il nostro senso di sé, la nostra personalità. La falsità nel discorso interiore include i giudizi che abbiamo verso noi stessi e gli altri. Questo aspetto in psicologia viene definito "critico interiore" o "Super-Io". In termini molto semplici, il "Super-Io" è una personificazione interiorizzata di un genitore o di un'altra persona influente della nostra prima infanzia, che ha condizionato il nostro comportamento con l'intento di tenerci al sicuro.

Dobbiamo essere diligenti nel non identificarci completamente con queste opinioni e questi dialoghi interiori. Quando sorgono, dobbiamo imparare ad essere il più neutrali possibile verso di essi. In questo modo diverremo più aperti alla nostra misteriosa natura interiore.

Comprensione segreta: la nostra coscienza personale è un tutto indiviso con la coscienza risvegliata e pienamente auto-consapevole. Astenersi veramente da ogni discorso menzognero significa parlare unicamente da, e come, questa coscienza pienamente risvegliata, nella misura in cui essa è attiva e operante. Ciò significa che usiamo un linguaggio inclusivo piuttosto che divisivo. Funzioniamo e parliamo maggiormente dal punto di vista del nostro amore più profondo, l'amore dell'Assoluto o del Divino. Offriamo gentilezza, accettazione e apprezzamento agli altri, poiché li vediamo come noi stessi. Siamo tutti parte della gloriosa unità, amorevole e indivisa, dell'Assoluto.

Quinto precetto: «Assumo il precetto di astenermi dall'assumere sostanze intossicanti, che offuscano la mente e favoriscono l'incuria».

Comprensione esterna: in ritiro, non consumiamo sostanze intossicanti, non sono permessi alcool e medicinali non prescritti. Scegliamo di non agire in preda agli effetti di sostanze che alterano la mente, e cerchiamo di essere in uno stato mentale il più possibile naturale e consapevole. Vogliamo che la nostra mente si trovi nel suo stato più inalterato possibile, affinché possa aprirsi alla nostra natura più profonda e dimorare in essa.

Comprensione interna: ci sono molti modi in cui annebbiamo la nostra mente, anche senza usare intossicanti. Il nostro dialogo interno, la narrazione costante di ogni aspetto della nostra vita, è una sorta di intossicante. Narriamo la nostra vita per riaffermare le nostre credenze sulla realtà

Il supporto salutare

apparente, sia interna che esterna. Questo precetto ci incoraggia a lasciar andare questa narrazione interiore per invitare una consapevolezza più vasta: quella dell'unità della nostra natura più profonda. Ciò ci permette di contattare e guidare il nostro processo evolutivo.

Comprensione segreta: ci raccontiamo chi siamo attraverso le nostre memorie, i nostri pensieri, la nostra immagine corporea e l'idea che abbiamo di noi stessi. Il problema risiede nell'inarrestabile ripetizione di questi pensieri, immagini e memorie, oltre che nel nostro proponimento di essere solamente questa particolare persona, con una data e immutabile identità. Questo precetto ci incoraggia a fare un passo indietro rispetto a queste identità e credenze limitanti. Siamo su un cammino spirituale ed esploriamo cosa significhi semplicemente essere, senza una così precisa definizione di noi stessi o una così grande fedeltà alla nostra identità mentale.

Sesto precetto: «Assumo il precetto di astenermi dall'assumere cibo quando non opportuno (dopo mezzogiorno)».

Comprensione esterna: nei tradizionali ritiri buddhisti del lignaggio *theravāda*, dopo il pranzo di mezzogiorno non viene servito cibo. Ciò incoraggia a essere umili nei confronti della brama, e favorisce la soddisfazione rispetto a ciò che si riceve. Aiuta inoltre a sviluppare l'accettazione, e decostruisce i nostri elaborati processi mentali relativi al desiderio, all'avidità o alla brama.

Comprensione interna: una delle credenze che ci teniamo più strette è quella secondo la quale per noi non ci sarà mai cibo o amore sufficiente, e che siamo veramente, fondamentalmente, mancanti di qualcosa. Questo senso di carenza deriva dall'aver perso il contatto con la Presenza dell'Assoluto, e possiamo sperimentare la disperazione che ne deriva come una brama, un vuoto interiore. La nostra conclusione è che, se non ci assicuriamo un sostentamento sufficiente, probabilmente moriremo. Il precetto ci aiuta ad affrontare questa parte dell'impulso di sopravvivenza inconscio. Impariamo che possiamo sopravvivere benissimo con due pasti al giorno, smettendo di mangiare dopo mezzodì. Impariamo che possiamo sentirci appagati e completi anche in presenza della fame.

Comprensione segreta: tutto ciò che percepiamo è parte di un'unità indivisa, un'unità salutare. Tutto ciò di cui abbiamo bisogno è per noi sempre presente e disponibile. Non c'è alcuna mancanza nella realtà ultima, l'Assoluto. Questo precetto sostiene un rapporto intimo con questa unità, e ci incoraggia a essere appagati anche di fronte a bisogni che non danno tregua. Possiamo essere attentamente consapevoli dei nostri bisogni ma al tempo stesso evitare che si intensifichino al punto da suscitare disperazione. Possiamo avvertire il bisogno e contemporaneamente l'unità che contiene ogni cosa e soddisfa tutti i bisogni in modo perfetto. Questa unità indivisa ci aiuta a riposare appagati nella nostra natura più profonda, senza cercare alcunché.

Settimo precetto: «Assumo il precetto di astenermi dal danzare, dal cantare, dalla musica, dagli spettacoli e dall'uso di ghirlande, profumi, cosmetici, abbellimenti e ornamenti».

Comprensione esterna: molti ritiri buddhisti sono silenziosi, quindi scegliamo di non eccitare la mente con varie forme di intrattenimento. Ci asteniamo, inoltre, dal bisogno di renderci più attraenti, di abbellirci per gli altri con profumi, cosmetici e ogni altra forma di ornamento.

Comprensione interna: astenersi dall'intrattenimento durante un ritiro ci aiuta a stare con il nostro silenzio interiore, la nostra natura più profonda. Una funzione comune dell'attività sociale è quella di distrarci dall'auto-osservazione, allontanandoci dalla carenza interna dovuta al senso di incompletezza.

L'astensione dall'abbellimento sfida l'immagine che abbiamo di noi stessi, e durante un ritiro questo ci conferisce una sana sobrietà.

Comprensione segreta: attraverso i nostri abiti e comportamenti incoraggiamo gli altri a vederci in un dato modo e a riflettere l'immagine che abbiamo di noi stessi. La domanda è questa: chi siamo senza tutta quella ostentazione esteriore di bellezza? Come possiamo scoprire chi siamo veramente se non rinunciamo a definirci esternamente tramite i vestiti, le acconciature o i profumi che consideriamo adatti? Questo precetto ci aiuta a guardare oltre le apparenze, attirando la nostra curiosità interiore verso un livello più profondo di conoscenza di noi stessi.

Ottavo precetto: «Assumo il precetto di astenermi dall'usare sedute e letti alti e lussuosi».

Comprensione esterna: parte dell'esperienza del ritiro consiste nell'accettare ciò che viene offerto e ritenerlo sufficiente per soddisfare i nostri bisogni. Per sostenere le nostre pratiche meditative e spirituali abbiamo bisogno solamente di vitto e alloggio, qualsiasi cosa in più sarebbe eccessiva.

Il supporto salutare

Vogliamo abbandonare le nostre aspettative di opulenza e accettare ciò che ci viene sinceramente offerto.

Comprensione interna: il bisogno di essere visti come speciali e meritare il lusso è un aspetto dell'immagine che abbiamo di noi stessi. Questo si può tradurre in un costante desiderio di aumentare il livello di comodità e comfort. Questo precetto sfida quel desiderio basilare, quella fame interiore che ci spinge a volere di più. Impariamo ad accettare ciò che ci viene dato, e al tempo stesso ci assicuriamo di avere ciò che ci serve. Esercitiamo la saggezza per chiarire ciò di cui abbiamo veramente necessità rispetto a ciò che crediamo di volere. Questa pratica aiuta ad accettare più a fondo la prospettiva che i propri bisogni siano sufficientemente soddisfatti per il viaggio interiore intrapreso.

Comprensione segreta: ai nostri livelli più profondi, siamo appagati, e accogliamo sempre con gratitudine tutto ciò che riceviamo. La nostra "personalità deficitaria" (la nostra credenza di essere un sé separato) ci può far sentire una fame profonda e insaziabile di essere riconosciuti come speciali. Ciò può portare a una brama ulteriore: quella di avere più di ciò che ci è stato dato nella vita. Questo precetto ci aiuta a coesistere con quella profonda mancanza e con la sua fame interiore, senza bisogno di cambiarla. Possiamo imparare a sentire e stare con la brama di avere di più, mentre accettiamo ciò che ci viene veramente offerto.

3
La meditazione di concentrazione

LA MEDITAZIONE DI CONCENTRAZIONE è una pratica in cui diamo priorità nella consapevolezza a un oggetto di meditazione (spesso il respiro) a esclusione di tutto il resto. Questa meditazione era la prima che il Buddha suggeriva ai novizi, poiché, a mio parere, egli sapeva che sviluppando la capacità di focalizzare la consapevolezza ogni meditazione e pratica spirituale sarebbe penetrata più profondamente e i suoi benefici sarebbero stati realizzati.

La meditazione di concentrazione è stata la mia prima pratica meditativa. Nel 1975 sono stato in grado di procurarmi uno dei pochi libri in inglese sulla pratica zen dal titolo *I tre pilastri dello Zen* e l'ho usato per iniziare la mia pratica di meditazione, accompagnandolo, inoltre, con il libro *A Buddhist Bible* di Dwight Goddard. All'inizio meditavo per circa cinque minuti a seduta, per la semplice ragione che la mia mente non riusciva a riposare e a trattenersi più a lungo dall'essere iperattiva. Col tempo, e con due sessioni di meditazione al giorno, sono riuscito a rilassarmi a sufficienza da sedermi trenta minuti o più.

Sin dalla mia prima meditazione sapevo di aver trovato il mio spazio, la mia base per maturare e approfondire la mia stessa esistenza. Non sapevo come questo sarebbe avvenuto, anche se potevo avvertire l'importanza della meditazione. Alcuni mesi dopo, alcuni colleghi mi si avvicinarono per farmi sapere quanto apprezzassero la mia calma e la pace che emanavo. Rimasi sorpreso nel sentirlo, anche perché non avevo parlato loro della mia meditazione quotidiana. I miei colleghi stavano sentendo e vedendo in me un cambiamento, e questa fu una prova inconfutabile dell'importanza della pratica spirituale e dei benefici della meditazione di concentrazione.

In questo capitolo svilupperemo la pratica della meditazione di concentrazione come supporto alle pratiche del cuore che si trovano nella prossima sezione. In questo libro le meditazioni del cuore fanno parte dello stesso territorio spirituale della meditazione di concentrazione, così come, ad esempio, la consapevolezza del respiro. La meditazione di concentrazione fornisce la stabilità necessaria a penetrare il nostro cuore individuale, aprendoci al cuore universale sempre presente e risvegliato.

Istruzioni per la meditazione di concentrazione

> Siediti in una posizione comoda, su una sedia o su un cuscino da meditazione.
> Fai qualche respiro profondo con l'addome, lasciando che la consapevolezza si assesti a livello della pancia.
> Cerca di sederti in modo da avere le gambe più in basso rispetto ai fianchi.
> Metti le mani in grembo o in alto sulle cosce.
> Chiudi gli occhi.
> Porta la consapevolezza allo spazio tra le narici e il labbro superiore.
> Lascia che la consapevolezza riposi sul respiro mentre questo entra ed esce dal corpo attraverso le narici.
> Non seguire il respiro all'interno o all'esterno del corpo, ma rimani concentrato esclusivamente sull'area tra le narici e il labbro superiore.

- › Mantieni l'attenzione sul respiro, escludendo tutto ciò che di diverso dovesse emergere nella consapevolezza. Non cercare di allontanare o aderire a pensieri, emozioni, attività corporee o ricordi.
- › Rimani semplicemente con il respiro naturale.
- › Man mano che il corpo e la mente si assestano, la tua mente sentirà che sta cominciando a raccogliersi e unificarsi, diventando più calma e serena.

Comincia dedicando almeno dieci minuti a questa meditazione.

Stare con il respiro mentre passa tra le narici e il labbro superiore è una pratica che puoi fare anche quando sei in fila o fermo a un semaforo. In altre parole, è una meditazione che puoi fare ovunque, dato che respiri sempre. Naturalmente, non farla mentre stai guidando o sei impegnato in un'attività in cui la sicurezza richiede tutta la tua attenzione.

Le meditazioni del cuore

DURANTE TUTTA LA NOSTRA ESISTENZA riceviamo riscontri e giudizi dagli altri. Quando questi commenti evidenziano l'immagine migliore di noi stessi, la persona che crediamo di essere, ci sentiamo euforici e riconosciuti. Al contrario, quando riceviamo riscontri o giudizi che sembrano eccessivamente critici o che fraintendono chi sentiamo di essere, si crea una ferita nel cuore. Queste ferite accumulate fanno sì che il cuore si indurisca, contraendosi in modo difensivo, e lo rendono meno aperto e disponibile a noi stessi e agli altri. Le meditazioni del cuore non solo ammorbidiscono e guariscono questi luoghi contratti e feriti, ma aprono anche la consapevolezza alla profondità intrinseca dei nostri cuori.

Nel presentarle ho organizzato la modalità e la sequenza di queste meditazioni in modo diverso rispetto alla tradizione. Queste pratiche sono spesso insegnate in quest'ordine: *mettā* (gentilezza amorevole), *muditā* (gioia empatica), *karuṇā* (compassione), e *upekkhā* (equanimità). Credo che il seguente ordine riveduto favorisca una connessione più profonda con la realtà della nostra vera natura e permetta un'esperienza più completa di ogni meditazione mentre se ne sperimentano i benefici: bontà innata, *upekkhā* (equanimità), *muditā* (gioia empatica), *karuṇā* (compassione), e *mettā* (gentilezza amorevole).

La prima meditazione di questa sezione è chiamata "bontà innata". Ho scoperto che quando gli studenti approfondiscono la connessione con la loro intrinseca bontà innata, questo lenisce i bisogni psicologici e le brame della personalità, contrastando immediatamente la convinzione di non essere degni d'amore o di intimità. A sua volta, questo permette allo studente di penetrare più pienamente ogni meditazione, facendo emergere le qualità del cuore della sua vera natura.

La seconda meditazione di questa sezione, *upekkhā* (l'equanimità), permette di avvicinarsi alla realtà più profonda della verità. *Upekkhā* ha a che fare con il riconoscimento di un equilibrio intrinseco presente in qualsiasi cosa accada. Riguarda la "giustezza" della vita così come viene sperimentata. Sviluppiamo una maggiore accettazione di quanto sta accadendo grazie alla fiducia nel fatto che vi sia insita una profonda giustezza. Questo dona un solido agio, sulla base del quale diventa possibile aprirsi alle altre meditazioni del cuore ed esplorarle.

Passeremo poi alla pratica di *muditā* (la gioia empatica). *Muditā* ci invita a entrare in contatto con la fortuna o la gioia di un'altra persona. Questo ci porta da *upekkhā*, dall'immersione nell'equanimità/armonia, dall'unità di tutta la realtà, al sentire una pura gioia per un'altra persona, collegando così il nostro cuore con il cuore degli altri. *Muditā* ammorbidisce le barriere, i muri psicologici che ci separano dagli altri. Quando proviamo gioia nell'assistere ai successi altrui stiamo anche minimizzando l'invidia e la gelosia. Siamo felici che accadano loro cose belle.

Passiamo quindi alla meditazione di *karuṇā* (la compassione). Il contatto con *karuṇā* ci insegna ad abbracciare delicatamente il dolore, l'angoscia e la sofferenza. Non stiamo cercando di rimuovere la sofferenza nostra o altrui, stiamo invece riconoscendo che la sofferenza è una realtà fondamentale della vita umana. Possiamo però aiutare noi stessi e gli altri accogliendo la sofferenza con tenerezza e apertura. *Karuṇā* sviluppa la fiducia nel fatto che la vita si stia svolgendo esattamente come dovrebbe. Ognuno di noi sperimenta la sofferenza nella propria vita; è una verità basilare. Non elimineremo mai tutta la sofferenza e, poiché essa esiste, l'abilità consiste nell'essere presenti ad essa senza reagire o chiudere il nostro cuore. *Karuṇā* sviluppa la capacità di essere presenti in modo umano all'intera realtà. Infine, ci avventureremo nella pratica di *mettā* (la gentilezza amorevole), amando tutti gli altri esseri viventi. Una volta che abbiamo la stabilità dell'equanimità, la connessione della gioia empatica e il sostegno della compassione, possiamo più facilmente contattare ed esprimere la gentilezza amorevole nella sua purezza. Avendo compreso l'Unità di tutta la vita, l'amore può raccogliersi nel nostro cuore. *Mettā* fa passare questo amore attraverso di noi e permette che esso raggiunga gli altri esseri viventi.

In queste meditazioni del cuore, ci orientiamo verso una particolare qualità del cuore appartenente alla nostra natura più profonda. Impariamo la pratica di ciascuna meditazione, esploriamo le resistenze comuni e riconosciamo le somiglianze tra le qualità del cuore che stiamo avvicinando. Svolgete attentamente gli esercizi, molto sarà rivelato. Le vostre supposizioni e credenze riguardo a queste diverse qualità del cuore emergeranno se sarete "proprio qui" nella meditazione, senza cercare di raggiungere alcun risultato particolare. Lasciate che il cuore sia la vostra bussola mentre vi immergete nelle profondità straordinarie di queste antiche meditazioni.

Ciascuna delle meditazioni del cuore può essere sviluppata fino al livello della concentrazione di assorbimento. La meditazione di concentrazione ha tre livelli:

1. **Momentanea:** accade solo in quel preciso momento e poi cambia nel momento successivo.
2. **Di accesso:** concentrazione profonda e prolungata con poco disagio e molte esperienze gioiose.
3. **Di assorbimento:** la concentrazione più profonda senza alcun disagio e con immensa gioia e beatitudine. Questo livello è anche chiamato *jhāna*, che è uno stato non duale senza soggetto o oggetto o qualsivoglia senso di un "io" come lo si percepisce normalmente.

Nell'assorbimento non c'è pensiero, ma c'è piena consapevolezza e un'incrollabile connessione con l'oggetto di meditazione. La concentrazione di assorbimento è il potenziale a livello spirituale di queste meditazioni del cuore. Non è necessario sperimentare la concentrazione di assorbimento perché queste meditazioni abbiano un profondo impatto sul vostro cuore, sul vostro comportamento e sulla vostra vita.

Ecco una breve introduzione ai componenti principali di ciascun capitolo.

Resistenze

In questa sezione, per ogni pratica di meditazione metterò in evidenza le resistenze comuni allo stato naturale del cuore che la meditazione sta disvelando. Nella nostra vita abbiamo tutti delle resistenze, e quando le riconosciamo e osserviamo esse emergono dalle ombre della nostra mente alla luce della verità. Non si tratta di invocare una "scorciatoia spirituale", aggirando ciò che ci fa sentire a disagio al fine di mantenere un'immagine spirituale di noi stessi. Dobbiamo restare in contatto con la verità di ciò che viene sperimentato. L'accettazione di ciò che sta realmente accadendo è un supporto cruciale in un percorso spirituale.

Una volta accettato di avere davvero una particolare resistenza, si possono usare le domande presenti in ogni capitolo per esplorare la propria storia e la propria relazione con essa. Quando ci avviciniamo a una delle resistenze possiamo entrare in contatto con la sua qualità energetica? Prendiamo, per esempio, la rabbia. Ha un'energia molto forte e grezza. Riesci a sentire la forza grezza della rabbia? Se non l'avverti, c'è qualcosa che impedisce il contatto con questa energia vigorosa? Puoi mettere da parte qualsiasi auto-giudizio relativo a ciascuna resistenza? Per quanto possibile, senti pienamente l'energia di ogni resistenza. Non agire o esprimere esteriormente la particolare resistenza durante gli esercizi, tranne che per iscritto, se lo desideri, nello spazio fornito dopo le domande. Questa deve essere solo un'elaborazione interna!

Sentimenti simili

Ci sono anche emozioni simili alla qualità del cuore verso cui ci stiamo orientando. In ogni capitolo di questa sezione ci sono esercizi che hanno il fine di distinguere l'attaccamento emotivo dalla vera natura del cuore.

Categorie di esseri (persone)

In ogni esercizio di meditazione del cuore, c'è una lista di categorie di esseri viventi. Questa è la lista tradizionale che i meditanti usano per esprimere una particolare qualità del cuore. È presentata a partire dalla categoria più facile alla più impegnativa. Questo permette al meditante di sviluppare quella particolare meditazione mentre la condivide con gli esseri che ne beneficeranno. Man mano che la qualità del cuore di ogni specifica meditazione diventa più accessibile e stabile, possiamo infine condividerla con coloro che regolarmente toccano i nostri nervi scoperti. È straordinariamente gratificante scoprire che il nostro cuore si apre a qualcuno verso il quale si prova spesso rabbia o odio. In ogni meditazione consiglio di lavorare con un minimo di cinque persone per ogni categoria di esseri viventi. Questo permetterà un'esperienza più profonda di quel gruppo, e aprirà il cuore più pienamente nei confronti delle persone appartenenti a quella categoria.

Frasi di sostegno

Nelle pratiche del Cuore di Buddha, le frasi di sostegno assistono il nostro viaggio aiutando la nostra consapevolezza a rimanere con l'oggetto meditativo (il focus di quella particolare meditazione). Quando iniziamo la meditazione, ripetiamo questa frase silenziosamente dentro di noi.

Potresti scoprire che, man mano che la concentrazione si approfondisce, non è necessario ripetere l'intera frase per stare vicino all'oggetto meditativo. La frase può persino cominciare a sembrare gravosa. Questo è il momento di accorciarla per facilitare la meditazione. Il contatto con la qualità della vera natura del tuo cuore sosterrà la meditazione. Fornirò le frasi standard e le frasi abbreviate consigliate per ogni meditazione del cuore. Se scopri che, mentre usi la frase abbreviata, non sei in grado di rimanere con l'oggetto meditativo, torna alla frase di supporto completa.

4
La bontà innata

QUELLA DELLA BONTÀ INNATA è una meditazione importante, poiché contrasta ogni convinzione di non valere abbastanza o di non essere degni d'amore. Immergendoti nella tua bontà innata ti sentirai meglio con te stesso, più a tuo agio, e affronterai le tue resistenze con più tenerezza. È una meditazione che pratico regolarmente e che suggerisco anche ai miei studenti anziani, perché infonde la coscienza con la propria bontà. Questa meditazione porta a sentirti più presente e radicato nella tua vita. Il fatto di stare a contatto con le parti più delicate di te permette lo sviluppo di una maggiore resilienza.

Resistenze alla bontà innata

Le resistenze alla meditazione sulla bontà innata sono il dialogo interiore, l'auto-giudizio e il fare compulsivo.

Il dialogo interiore

Purtroppo molte persone oggi sono prese da una grande quantità di dialogo interiore negativo. Se tenessimo traccia dei nostri pensieri e dell'autoreferenzialità (cioè come ci riferiamo a noi stessi esternamente e internamente), scopriremmo una moltitudine di discorsi interni negativi. Una parte del nostro dialogo interiore consiste in critiche interiorizzate che abbiamo ricevuto da ragazzi. Ho il sospetto che, a causa della nostra vulnerabilità e della tendenza a idealizzare e adorare i nostri primi caregiver, crediamo a gran parte di ciò che ci è stato detto. A scuola, inoltre, mentre progrediamo negli studi, ci viene dato un feedback e il nostro lavoro viene valutato. Anche queste sono informazioni che recepiamo direttamente come giudizio. Questi giudizi colorano il sé esteriore, quello che presentiamo al mondo, e il sé interno, ossia ciò che pensiamo di essere.

In che modo ti parli quando sei da solo?

_____

_____

_____

Come ti descriveresti sinceramente?

_____

_____

Come sei influenzato dal tuo dialogo interiore?

_____

_____

L'auto-giudizio

L'auto-giudizio è dovuto in parte al funzionamento di una struttura mentale conosciuta come "critico interno" o "Super-Io". Il concetto di Super-Io è stato introdotto nella moderna psicologia del profondo da Sigmund Freud. Egli suddivise la nostra mente in tre parti: Es, Io e Super-Io. Secondo la mia comprensione, l'Io rappresenta il normale funzionamento della nostra personalità. L'Es è l'accumulo di tutti i nostri istinti di sopravvivenza, la nostra pulsione nei confronti di cibo, riparo, sonno e sesso. L'Es non è civile né educato; vuole ciò che vuole e per lo più non si preoccupa di come i suoi desideri vengano soddisfatti. Come un supervisore, un genitore, o anche un fratello maggiore, il Super-Io fa del suo meglio per tenere a freno o controllare le pulsioni dell'Es, nel tentativo di farci apparire più civili e socialmente accettabili. Ma il problema è che spesso ci fa sentire piccoli, incompetenti e non degni di essere amati.

Uno degli effetti della presenza quasi costante del Super-Io è che di solito crediamo ai suoi giudizi negativi—quella vocina che ci dice: «Hai sbagliato», «Sei così stupido», o «Fai così tanti errori». Quando crediamo alle affermazioni del Super-Io su di noi, sviluppiamo un'opinione di noi stessi piuttosto negativa e possiamo scoraggiarci facilmente. Ciò limita numerosi aspetti della nostra vita, incluso il nostro sviluppo spirituale. Nel percorrere il nostro sentiero, abbiamo bisogno di sviluppare, persino coltivare, lo spazio interiore e la spaziosità necessaria affinché la nostra natura più profonda possa emergere alla coscienza. Se la spaziosità è affollata dalle critiche negative del Super-Io, la maturazione della nostra pratica spirituale risulterà più lenta.

Lavorare con il Super-Io vuol dire avere nei suoi confronti un atteggiamento assertivo e diretto. Quando sorge un suo giudizio, come ad esempio «Hai sbagliato di nuovo!», devi respingerlo. Con forza, lo studente spirituale deve dire: «Indietro», «Sparisci», «Vai via!». Devi avere il tipo di energia che useresti se attaccato da un cane aggressivo: non è bene inasprire il confronto, ma devi affrontare e bloccare l'aggressione del Super-Io poiché, se sei troppo gentile, esso non si scomporrà. Quando affronti il Super-Io sfidi il suo giudizio su di te e liberi spazio interiore.

Con la meditazione sulla bontà innata leniamo, ammorbidiamo e apriamo il nostro cuore alle meravigliose qualità della nostra natura più profonda. Potresti trarre giovamento lavorando con regolarità e individualmente sotto la guida di un insegnante esperto nell'affrontare il Super-Io, e che sappia sostenere al contempo il tuo sviluppo spirituale.

In che modo, nel tuo vissuto, hai sperimentato l'auto-giudizio?

_____

_____

_____

Quali sono i tuoi giudizi abituali su te stesso?

_____

_____

_____

Quali sono le circostanze che solitamente fanno sorgere in te gli auto-giudizi?

_____

_____

_____

Il fare compulsivo

Non sempre i caregiver riescono a essere pienamente in sintonia con i bisogni del bambino, ed è inevitabile che a volte vengano sopraffatti o distratti dalle richieste della vita. Il risultato è che, da bambini, non sentiamo che i nostri bisogni vengono pienamente soddisfatti. Ci convinciamo di ricevere cibo, amore, vestiti puliti e pannolini solo perché sorridiamo o gorgheggiamo in un modo che piace al nostro caregiver. Questo rafforza la nostra convinzione che ciò che riceviamo dagli altri dipende da ciò che facciamo, piuttosto che dall'essere semplicemente noi stessi.

Sono stato cresciuto da una bambinaia premurosa e amorevole, assunta dai miei genitori. Era attenta ai miei bisogni e, il più delle volte, era felice di soddisfarli. I miei genitori, al contrario, erano distratti dalla loro relazione travagliata e dalle richieste dei miei fratelli. Quando la bambinaia smise di lavorare per la mia famiglia, cominciai a credere che quando ricevevo attenzione, cibo e riparo, questo avvenisse come risposta diretta al fatto che avessi compiuto qualcosa di gradito ai miei genitori. Scoprii che mostrare intelligenza, essere divertente o essere autosufficiente erano comportamenti che apprezzavano e che venivano ricompensati. Se non ero in grado di agire come si aspettavano, ricorrevo occasionalmente a un comportamento negativo, che generava anch'esso attenzione—non un'attenzione soddisfacente, ma pur sempre attenzione. La mia educazione mi ha portato a interiorizzare un modello di fare compulsivo. Questo ti suona familiare?

In che modo, nel tuo vissuto, hai sperimentato il fare compulsivo?

_____

_____

_____

In che modo ricerchi attenzione in questa fase della vita?

_____

_____

_____

Cerchi attenzione attraverso un comportamento positivo o negativo?

_____

_____

_____

Cosa può essere confuso con la bontà innata?

Il comportamento egoico
Possiamo confondere l'essere in presenza della nostra bontà innata con il comportamento egoico. Comportarsi in modo egoico significa invitare gli altri a vederci come desideriamo essere visti, affinché riconoscano e ci restituiscano l'immagine

La bontà innata

Con la bontà innata, non abbiamo bisogno di fare nulla affinché essa sia presente nella nostra coscienza e nel nostro cuore.

di noi che abbiamo più cara. In questo caso, desideriamo che gli altri la convalidino, per esempio, confermando che siamo gentili e disponibili. Se non lo fanno e, al contrario, ci comunicano la loro opinione che il nostro presunto comportamento gentile e disponibile è in realtà egoista e manipolativo, possiamo abbatterci e criticarli aspramente.

Con la bontà innata, non abbiamo bisogno di *fare* nulla affinché essa sia presente nella nostra coscienza e nel nostro cuore. Smettiamo di cercare qualsiasi tipo di riconoscimento da parte degli altri poiché è semplicemente l'essere, non il fare, che porta alla luce la bontà. Ci preoccupiamo meno di come veniamo visti. La bontà innata ci dà naturalmente più equilibrio, sicurezza e amor proprio.

In che modo, nel tuo vissuto, hai sperimentato il comportamento egoico?

_____

_____

_____

Come si manifesta in te il comportamento egoico?

_____

_____

_____

Per quali motivi si manifesta in te il comportamento egoico?

_____

_____

_____

La pratica della bontà innata

Questa meditazione ti incoraggia a essere in contatto con la tua intrinseca, incondizionata bontà, che non dipende dal fatto che tu sia in un dato modo o che ti comporti come stabilito. Non è una bontà che deriva dall'essere uno studente che ottiene voti alti, una persona disponibile o un bravo impiegato. È semplicemente la tua bontà che emana dal tuo Essere. Ricorda un momento in cui eri con un cucciolo o un bambino appena nato. Tenendoli in braccio, potevi percepire il valore, la bellezza e la bontà che emanavano da loro senza che *facessero* nulla. Questa è la bontà che vogliamo contattare e coltivare nella meditazione.

Uno dei motivi per cui coltiviamo la bontà innata è lo sviluppo dell'amore per noi stessi. L'amore è una potente qualità del cuore che può ammorbidire le asperità dell'immagine che abbiamo di noi stessi e rafforzare il nostro senso di appagamento, sostenendo al contempo una profonda esplorazione interiore. L'amore è essenziale per il nostro sviluppo interiore e per accedere sempre più profondamente alle misteriose proprietà della dimensione dell'Assoluto.

Nella meditazione sulla bontà innata, non c'è alcuna categoria di esseri a cui ci si rivolge, poiché la stiamo praticando solo per noi stessi. Non ci sono, inoltre, frasi di supporto.

> Siediti in modo comodo, su un cuscino da meditazione o su una sedia confortevole.
> Siedi in posizione eretta, con la spina dorsale dritta, mantenendo la sua naturale curva a "S".
> Cerca di avere il bacino più in alto delle gambe.
> Senti il tuo equilibrio e la tua postura.
> Posa le mani in alto sul grembo o sulle cosce per evitare di sforzare il collo.
> Fai un certo numero di respiri lenti e profondi con l'addome.
> Rilassa il corpo.
> Riposa la tua consapevolezza nel centro del cuore.
> Mantenendo la consapevolezza nel centro del cuore, immaginati in un momento della vita in cui ti sia possibile connetterti con la bontà innata. Alcune persone riescono a farlo con la propria immagine attuale. Per altri, la bontà

innata è più facile da percepire ricordando sé stessi da più giovani.

> Prenditi tutto il tempo necessario per trovare un'immagine di te in contatto diretto con la tua bontà innata.
> Continua la meditazione respirando con l'addome in modo profondo e rilassato, lasciando andare, sentendo/percependo il centro del cuore.
> Lascia che la bontà si irradi nel centro del cuore.
> Usa il respiro per attirare sempre più la bontà innata nel centro del cuore.
> Al momento giusto, quando è presente una sensazione di stabilità, cerca di lasciare andare qualsiasi immagine mentale di te stesso tu stia usando come supporto per la meditazione.
> Quando riesci a lasciare andare la tua immagine mentale, rimani con la bontà stessa. Continua a respirare bontà nel centro del cuore.
> Lascia che la bontà si irradi completamente nella tua coscienza.

> Accetta la sua presenza, lasciando che agisca liberamente su di te.

Questa è una meditazione che può essere fatta all'inizio del tuo classico periodo di meditazione o che può diventare l'unico focus della sessione. Puoi praticarla lontano dal cuscino o dalla sedia di meditazione, aspettando in fila al negozio, in banca o in ufficio, concedendoti un momento per fare qualche respiro con la pancia e aprendo la tua consapevolezza alla bontà innata. Lascia che si raccolga e si irradi nel centro del cuore e che lenisca la tua coscienza ovunque tu sia.

La bontà innata

L'amore è una potente qualità del cuore che può ammorbidire le asperità dell'immagine che abbiamo di noi stessi e rafforzare il nostro senso di appagamento, sostenendo al contempo una profonda esplorazione interiore. L'amore è essenziale per il nostro sviluppo interiore e per accedere sempre più profondamente alle misteriose proprietà della dimensione dell'Assoluto.

5
Upekkhā, *l'equanimità*

QUANDO NON SIAMO psicologicamente in equilibrio, il nostro istinto è quello di appianare le onde agitate della nostra personalità, riaffermando il nostro sé. Cerchiamo di trovare altre persone che riflettano i nostri schemi interiori, ad esempio vedendoci gentili e generosi, perché, quando ci sentiamo riconosciuti, le tendenze compulsive della nostra personalità possono temporaneamente rilassarsi. Questo, però, ci offre una stabilità soltanto illusoria. Il nostro modello di personalità è solo un riflesso, un'imitazione costruita dalla mente, della nostra natura più profonda. Lo squilibrio che sentiamo dentro di noi ci impedisce di osservare in profondità il nostro comportamento e di avvertire la percezione interiore di mancanza. Ci concentriamo sulle questioni superficiali della vita e ne veniamo irretiti. Per abitudine e condizionamento sociale diamo la priorità a ciò che è fondamentalmente falso rispetto a ciò che è vero: il nostro Essere, la Presenza dell'Assoluto.

L'equanimità è una sensazione di perfetto equilibrio. Tutto ciò che sta accadendo dentro o fuori di noi è esattamente come dev'essere in questo momento. L'equanimità genera nel nostro cuore la fiducia di essere esattamente nel posto giusto al momento giusto. Ci incoraggia a possedere un livello di accettazione, una prospettiva equilibrata, per la verità oggettiva e universale che è sempre qui con noi. Apriamo la nostra consapevolezza, la nostra coscienza, all'equanimità come manifestazione dell'Assoluto, orientandoci verso la realtà ultima, la nuda verità.

L'equanimità genera nel nostro cuore la fiducia di essere esattamente nel posto giusto al momento giusto.

Prima di apprendere la pratica dell'equanimità esamineremo le relative resistenze psicologiche.

Resistenze a *upekkhā*

Ci sono resistenze naturali, per lo più psicologiche, all'equanimità e alla sua qualità armoniosa. Esse sono il risentimento, l'avidità e l'ansia per gli eventi incontrollabili della vita.

Risentimento

Il risentimento è un rifiuto del momento presente carico di irritazione e persino di amarezza che si verifica quando sentiamo di essere stati trattati ingiustamente. Dentro di noi decretiamo che ciò che sta accadendo è sgradito. Solitamente rifiutiamo gli eventi che non riflettono l'idea che abbiamo di noi stessi nel mondo. Questo rifiuto è alimentato dal fatto di non essere visti come desideriamo, e così rispondiamo a ciò che sta accadendo con un rifiuto rabbioso della realtà.

In che modo, nel tuo vissuto, hai sperimentato il risentimento?

_____

_____

_____

Come si manifesta in te il risentimento?

_____

_____

_____

Per quali motivi si manifesta in te il risentimento?

_____

_____

_____

Avidità

L'avidità è una sete inestinguibile di avere di più. È una bramosia che rincorre compulsivamente qualsiasi cosa pensiamo ci renda integri, felici e completi. Attraverso questa sete di ammirazione, riconoscimento e possessi tentiamo di colmare il nostro bisogno. L'avidità deriva dalla nostra ferma convinzione nella nostra inadeguatezza.

Upekkhā, l'equanimità

In che modo, nel tuo vissuto, hai sperimentato l'avidità?

_____

_____

_____

Come si manifesta in te l'avidità?

_____

_____

_____

Per quali motivi si manifesta in te l'avidità?

_____

_____

_____

Ansia per l'incontrollabilità della vita
Fin dai nostri primi anni cerchiamo di controllare la nostra vita in un tentativo disperato di essere riconosciuti e amati. Sappiamo come vogliamo essere visti. Purtroppo, la vita si svolge come vuole e noi ne siamo spesso delusi, realizzando che, alla fin fine, abbiamo poco o nessun controllo. L'essere in contatto con la nostra mancanza interiore ci porta a sviluppare ansia.

In che modo, nel tuo vissuto, hai sperimentato l'ansia nei confronti dell'incontrollabilità della vita?

_____

_____

_____

Come si manifesta in te l'ansia per l'incontrollabilità della vita?

_____

_____

Per quali motivi si manifesta in te l'ansia per l'incontrollabilità della vita?

_____

_____

_____

Queste resistenze all'armonia e all'equanimità impediscono alla verità oggettiva di essere pienamente percepita. Usando la distrazione e la soppressione, cerchiamo disperatamente di influenzare gli esiti della vita per confermare agli altri il nostro sé più prezioso, anche se sappiamo per esperienza che persino le nostre strategie migliori risulteranno infruttuose.

Eppure, essere su un sentiero spirituale significa dedicare la nostra vita alla verità, non necessariamente la verità che sostiene la percezione che abbiamo di noi stessi, quanto piuttosto la verità ultima, oggettiva e universale. Questo percorso di verità può essere anche disagevole, ma vi è una particolare soddisfazione nell'essere con la verità anche quando essa è dolorosa.

Cosa può apparire simile all'equanimità?

Indifferenza

L'indifferenza è un intorpidimento psicologico nei confronti di ciò che si prevede essere doloroso, causa di sofferenza o di insoddisfazione nei confronti della vita. Nella vita vogliamo che tutti siano colpiti dal nostro sé più raffinato, eppure dobbiamo accettare di sperimentare ripetute delusioni, e questo fa sì che ci abbandoniamo alla noncuranza. L'indifferenza è una strategia che usiamo per bloccare il dolore nei confronti dello scarso riconoscimento che riceviamo dalla vita. Se ci rendiamo insensibili, abbiamo l'illusione di essere protetti da qualsiasi disaccordo con gli altri.

Una differenza cruciale tra indifferenza e equanimità è l'accettazione. Con l'equanimità, c'è una profonda accettazione di ciò che sta accadendo e lo sforzo per controllare il risultato è minimo. Inoltre, la sensazione che proviamo è diversa: nell'indifferenza c'è una soppressione della nostra vitalità, mentre con l'equanimità c'è un aperto e caldo senso di "giustezza" della vita così come si sta manifestando.

Upekkhā, l'equanimità

In che modo, nel tuo vissuto, hai sperimentato l'indifferenza?

_____

_____

_____

Come si manifesta in te l'indifferenza?

_____

_____

_____

Per quali motivi si manifesta in te l'indifferenza?

_____

_____

_____

La pratica di upekkhā

L'oggetto meditativo nella meditazione di *upekkhā* è la verità: vedere i fenomeni come realmente sono.

Categoria di esseri

In ogni meditazione del cuore c'è una sequenza di esseri. Le tipologie di persone verso le quali pratichiamo *upekkhā*, procedendo dalla più facile alla più difficile, sono le seguenti:

> Persona neutra
> Benefattore
> Amico
> Persona difficile
> Sé
> Tutti gli esseri

Cominciamo con una persona neutra perché è più facile accettare e vedere la verità in relazione a quella persona rispetto a quella di qualcuno a cui siamo profondamente legati. Da notare che non iniziamo da noi stessi poiché non costituiamo il tipo di essere più facile nel quale assistere al movimento della

Upekkhā, l'equanimità

verità oggettiva, la realtà ultima. Abbiamo sempre agito, infatti, come nostri energici difensori e sostenitori—un modello che stiamo mettendo in discussione con le pratiche del Cuore di Buddha. Come promemoria, suggerisco di impegnarsi in ogni meditazione con un minimo di cinque persone specifiche per ogni categoria di esseri.

Frase di sostegno: «Tutti gli esseri sono eredi del loro karma».

> Inizia con un certo numero di respiri addominali lenti, costanti e profondi.

> Partendo dalla persona neutra, cerca di immaginarla nella mente o di sentirla nell'energia del cuore.

> Quando arrivi a trattenere l'immagine o la sensazione di quella persona, ripeti in silenzio la frase di supporto «Tutti gli esseri sono eredi del loro karma» (uso il termine "karma" per indicare la legge universale di causa ed effetto).

> Continua la respirazione profonda, aperta e rilassata. Non c'è bisogno di forzare.

> Mantieni la sensazione o l'immagine di questa persona neutra. Ripeti silenziosamente la frase

di supporto «Tutti gli esseri sono eredi del loro karma». Apri il cuore e la mente per avvertire profondamente tutto l'impatto della frase.
> Rimani concentrato su questa persona neutra. Quando scopri che la tua consapevolezza si è allontanata dalla verità di questa persona, riportala gentilmente indietro senza giudizio o autocritica.
> Quando ti accorgerai di aver compreso profondamente la verità, dalla loro prospettiva, di almeno cinque persone neutre, potrai proseguire con la categoria di esseri successiva.

L'equanimità coltiva una certa uniformità, una scorrevolezza, quando assistiamo allo svolgersi degli eventi della vita. Se l'equanimità è presente, rispondiamo alla vita con maggiore agio e con una più profonda accettazione. Sentiamo meno resistenza e ci riconosciamo come parte del flusso della vita.

Durante il ritiro di due mesi con il mio insegnante, il Venerabile Pa Auk Sayadaw, ho intrapreso questa pratica a un livello molto profondo. Dopo alcune ore di meditazione di *upekkhā*, andai a fare un'escursione. Vidi un grande albero che era recentemente caduto. Aveva radici massicce

Upekkhā, l'equanimità

che avevano rivoltato il pendio circostante e del terreno fresco si era sparpagliato intorno. Tra i rami alti dell'albero c'era un nido che era stato leggermente schiacciato nella caduta. Anche se non potevo vedere alcun animale ferito, avvertii l'equanimità della natura. C'era una profonda neutralità. Non c'era alcuna intenzione di danneggiare il nido o gli animali che vi abitavano. Era semplicemente una questione di condizioni naturali che avevano condotto l'albero al punto di cadere sotto il suo stesso peso, data la sua posizione inclinata. Questa per me è stata una potente occasione di apprendimento, poiché riconobbi di aver precedentemente attribuito una qualche forma di intenzionalità alla natura. Avevo l'idea che ci fosse un equilibrio in atto nella vita che a volte prevedeva l'utilità, persino la generosità, e altre volte il danno, persino la tragedia. Stavo aggiungendo un significato mentale a qualcosa che non era pianificato in natura. Era semplicemente ciò che accadeva.

Dopo aver concluso tutte le categorie degli esseri, è il momento di intraprendere la prossima meditazione del cuore—*muditā*, tradotta come "gioia empatica".

6
Mudità, *la gioia empatica*

ABBIAMO IMPARATO A CONSIDERARCI separati dalle altre persone ma, secondo la comprensione che scaturisce dalla nostra natura più profonda, questa visione non è corretta. Siamo come onde appartenenti allo stesso oceano. La maggior parte delle persone ha una capacità limitata di riconoscere stabilmente l'interezza indivisa della nostra natura più profonda. Quando siamo radicati nel nostro senso di separatezza, siamo più isolati e distanti dalle gioie e dai dolori altrui. Questo isolamento autoindotto può portare a un intorpidimento interiore e a costruirci un muro di protezione che ci separa dalla nostra sensibilità, apertura e ricettività nei confronti degli altri. Abbiamo difficoltà nel percepire l'Unità in un altro, e ci identifichiamo principalmente con i nostri bisogni e desideri personali.

Da questa visione solitaria, crediamo che ci sia una quantità finita di amore, nutrimento e tenerezza emotiva. A livello psicologico siamo convinti che riconoscimenti e lodi scarseggino, e, se qualcun altro ottiene queste attenzioni positive prima di noi, riteniamo di aver perso qualcosa.

In verità, quando qualcuno di noi riceve un beneficio o un riconoscimento ne beneficiamo tutti, e l'Unità stessa ne trae giovamento. È come se tutti condividessimo le acque dello stesso laghetto: quando l'acqua sale da una parte, presto sale anche in tutte le altre aree.

Di conseguenza, bramiamo e accumuliamo tutto ciò che pensiamo abbia valore, dall'attenzione al cibo. Potremmo sentire che la nostra sopravvivenza dipenda dall'essere riconosciuti, e questo induce alla competizione invece che alla cooperazione.

Muditā (la gioia empatica) nasce nel nostro cuore quando non percepiamo alcuna separazione tra gli esseri viventi, quando sappiamo che il vero tessuto della realtà è un'Unità indivisa. In verità, quando qualcuno di noi riceve un beneficio o un riconoscimento ne beneficiamo tutti, e l'Unità stessa ne trae giovamento. È come se tutti condividessimo le acque dello stesso laghetto: quando l'acqua sale da una parte, presto sale anche in tutte le altre aree.

Quando non dimoriamo nel campo dell'Unità, siamo soggetti a una o più delle seguenti resistenze nei confronti di *muditā*.

Le resistenze nei confronti di *muditā*

Le resistenze nei confronti di *muditā* sono l'invidia e la gelosia.

Invidia

L'invidia nasce quando vorremmo che il successo o la fortuna di un altro fossero nostri. Percepiamo il successo dell'altro come un nostro fallimento, e avvertiamo l'invidia come una perdita. L'invidia ci fa rattristare quando vediamo che un'altra persona riceve qualcosa che desideriamo e, quando siamo così in preda allo sconforto, potremmo credere che non otterremo mai ciò di cui abbiamo bisogno. L'invidia non ci fa soltanto desiderare di avere il successo di un altro, ma suscita anche in noi la convinzione che in futuro subiremo ulteriori perdite.

In che modo, nel tuo vissuto, hai sperimentato l'invidia?

_____

_____

_____

Quali sono le circostanze che fanno sorgere l'invidia nella tua vita?

_____

_____

_____

Perché continua a sorgere in te l'invidia?

_____

_____

_____

Gelosia

Assistere alla gioia e al successo degli altri può ferirci: non soltanto vogliamo quello che hanno loro, ma proviamo anche rabbia quando lo ricevono.

Una delle cause che possono spingere alla gelosia è un trascorso infantile di abbandono o di disattenzione da parte dei nostri primi caregiver. Se abbiamo sentito che un caregiver o un genitore ha dato più amore, affetto o attenzione a un coetaneo, a un fratello o a una sorella, avremo la profonda convinzione che saremo per sempre in uno stato di necessità. Quando un'altra persona ottiene l'attenzione che stiamo cercando, potrebbe scatenarsi in noi una gelosia rabbiosa. Tutti desideriamo essere visti e trattati come persone uniche e speciali, ma quando siamo in contatto con la nostra natura più profonda sappiamo che ci sono risorse sufficienti per tutti. Possiamo, quindi, celebrare la buona fortuna di un altro come se fosse la nostra.

In che modo, nel tuo vissuto, hai sperimentato la gelosia?

_____

_____

_____

Come si manifesta nella tua vita la gelosia?

_____

_____

_____

Perché nasce in te la gelosia?

_____

_____

_____

Cosa può apparire simile alla gioia empatica?

Fare confronti

Facciamo confronti solo quando ci ritroviamo nell'isolamento del nostro modello di personalità. Vediamo esclusivamente i nostri bisogni e i nostri desideri, e la nostra percezione non va oltre l'ottenere ciò che bramiamo e che consideriamo cruciale per la nostra stessa sopravvivenza.

Quando ci paragoniamo a un altro, risiediamo in uno stato di profonda mancanza e ci sentiamo in difetto, indegni d'amore, convinti di non valere abbastanza e di essere un fallimento. A partire da questa abituale sensazione di insufficienza siamo disconnessi dai nostri cuori e incapaci di avvertire l'Unità della realtà e un'aperta generosità, o *muditā*, nei confronti degli altri.

In che modo, nel tuo vissuto, hai fatto confronti?

_____

_____

_____

Come si manifesta il fare confronti nella tua vita?

_____

_____

_____

Per quali motivi si manifesta in te l'impulso di fare confronti?

_____

_____

_____

Insincerità nei nostri auguri
Potremmo sentire una certa pressione interna o esterna a celebrare la buona fortuna di un altro, tuttavia, se il nostro cuore è chiuso e parliamo a partire dai nostri desideri e bisogni, invece che dalla nostra completezza, i complimenti che facciamo avranno una qualità stucchevole e ipocrita. Stiamo svalutando la relazione con l'altro attraverso un'involontaria mancanza di sincerità.

In che modo, nel tuo vissuto, sei stato insincero nel fare auguri?

_____

_____

_____

Come si manifesta in te l'insincerità negli auguri?

_____

_____

Perché sei insincero nel fare auguri?

_____

_____

_____

Aggrapparsi alle esperienze piacevoli
Forse ci serviamo della pianificazione per evitare ciò che è neutro o spiacevole e diamo solitamente molto valore alle esperienze piacevoli, che potremmo considerare una misura della nostra bontà, dei nostri successi. Siamo delusi se viviamo un'esperienza che non soddisfa l'ideale della nostra bontà. Invece di essere aperti a ogni evento, filtriamo gli accadimenti della vita esclusivamente in base a ciò che ci fa sentire bene o ci rende felici. Tutto il resto viene rifiutato in quanto crediamo di non meritarlo.

In che modo, nel tuo vissuto, ti sei aggrappato alle esperienze piacevoli?

_____

_____

_____

Come si manifesta in te l'aggrapparsi alle esperienze piacevoli?

_____

_____

_____

Per quali motivi si manifesta in te l'impulso di aggrapparti alle esperienze piacevoli?

_____

_____

_____

La pratica di muditā

L'oggetto meditativo nella meditazione di *muditā* è la felicità di un altro o la sua buona fortuna.

Categorie di esseri:

> Amico (per il quale è facile sentirsi felici)
> Benefattore
> Persona neutra
> Persona difficile
> Tutti gli esseri

Frase di sostegno: «Possa tu continuare a essere felice e contento».

Muditā non è mai rivolta a sé stessi. Per chiarire e approfondire la nostra felicità e gioia usiamo invece la pratica della gratitudine. È utile iniziare la pratica di *muditā* verso un amico o una persona vicina poiché, in questo caso, provare gioia empatica sarà più facile rispetto a farlo verso qualcuno che non conosciamo bene.

Ripeti silenziosamente la frase di supporto per aiutarti a stare vicino mentalmente al tuo amico.

Una volta che abbiamo completato la pratica di *muditā* verso un certo numero di amici, passiamo a fare *muditā* per un benefattore. Questi può essere un insegnante di fiducia o un'altra persona di riferimento, per cui provare *muditā* sarà relativamente facile.

Dopo aver rivolto *muditā* ad alcuni benefattori, passiamo alla categoria della persona neutra, e qui la scelta può essere un po' più impegnativa. Con l'esercizio, scoprirete che provare *muditā* per il commesso del negozio, il cassiere della banca o il postino non comporta alcuno sforzo.

La categoria successiva è quella della persona difficile. Individuare la gioia della persona difficile può richiedere un certo impegno. Potresti scoprire di non riuscire a provare *muditā* per l'insieme della vita di quella persona, ma solo per un suo aspetto. Quando iniziai questa pratica facevo fatica a provare *muditā* nei confronti di una certa persona difficile. In seguito, mi accorsi che la difficoltà consisteva nel fatto che stavo considerando tutta la sua vita, compresi i lati discutibili. Perseverando nella pratica, scoprii che ne apprezzavo la tenerezza e l'amore che dedicava alla sua famiglia. Concentrandomi su quest'ultimo elemento, sono stato in grado di offrirle *muditā*.

Quando viene intrapresa per la prima volta, la pratica della meditazione di *muditā* può essere impegnativa. All'inizio una parte della sfida consiste nell'affrontare le nostre resistenze nei confronti della pratica stessa, ed è utile sapere che queste resistenze sono del tutto comuni. La sottile tenerezza e il calore che si irradiano dalla gioia empatica ravviveranno la consapevolezza, apriranno il cuore e avranno un impatto positivo sulle relazioni di chi pratica *muditā* in modo sostenuto. Sviluppare la pratica di *muditā* ti permetterà di essere una persona più sincera quando ti relazioni con gli altri. Il successo di un amico non scatenerà automaticamente il confronto o il ricordo di una mancanza ma, grazie alla presenza di *muditā*, potrai gioire in tutta onestà insieme a lui.

Sono cresciuto in una famiglia numerosa ed era frequente che uno dei miei fratelli e sorelle raggiungesse un importante traguardo o ricevesse qualcosa di speciale dai nostri genitori. Ciò era dovuto semplicemente alla legge dei grandi numeri. Eppure, quando i miei fratelli e sorelle avevano successo, mi paragonavo a loro, sentivo una mancanza, e ce l'avevo con loro per il successo conseguito. Questa pratica di gioia empatica è stata un'incredibile esperienza di apprendimento che mi ha cambiato la vita. Non solo mi sono sentito più profondamente connesso agli altri, ma ho potuto essere sinceramente felice per loro senza alcun confronto o auto-giudizio. Attraverso questa pratica la qualità della mia vita è migliorata, perché ho sofferto di meno!

7

Karuṇā, *la compassione*

NEL NOSTRO VIAGGIO di risveglio e di spiritualità calata nel corpo, ci confronteremo con molti aspetti familiari della nostra storia, dei nostri ricordi e della nostra psiche che ci fanno ancora soffrire. La luce della verità oggettiva e universale ci invita, tuttavia, ad avvicinarci ai nostri lati più sensibili. Per poter svolgere questo difficile compito è essenziale avere un atteggiamento di tenerezza e compassione verso noi stessi. Nella pratica buddhista la compassione è spesso applicata in modo improprio. Molti buddhisti credono che la funzione della compassione sia quella di *eliminare* gli eventi dolorosi della vita, ma non sono questi i suoi reali benefici. Usare la compassione nelle nostre pratiche meditative fornisce un sostegno delicato e un'*accoglienza gentile* che permette sia a noi che agli altri di stare a contatto con il proprio dolore, e perseverare.

La compassione ci aiuta ad avvicinarci a una verità imperitura, molto diversa dalla verità soggettiva che sostiene le narrazioni della nostra vita. Tendiamo, infatti, a proiettarci in un ruolo particolare, solitamente quello della persona pura, buona e innocente. Con la pratica regolare di *karuṇā* cominciamo a riconoscere che affermiamo quest'immagine di noi stessi come giovani, puri e innocenti per imputare agli altri l'origine del nostro dolore, e ci troviamo di fronte alla verità universale che siamo fatti di molte emozioni e diversi livelli di identità.

La compassione ci aiuta a sviluppare la capacità di stare a contatto con *qualsiasi* stato mentale o emotivo. Quando non cerchiamo esclusivamente esperienze positive e sentiamo

La compassione ci aiuta a sviluppare la capacità di stare a contatto con qualsiasi stato mentale o emotivo. Quando non cerchiamo esclusivamente esperienze positive e sentiamo invece ciò che è autenticamente presente, questo ci avvicina alla verità del nostro Essere.

invece ciò che è autenticamente presente, questo ci avvicina alla verità del nostro Essere.

Resistenze a *karuṇā*

Le tipiche resistenze a *karuṇā* sono il godimento per la sofferenza altrui e la crudeltà.

Godimento per la sofferenza altrui
Nella vita delle persone adulte si mescolano gioia edificante e profonda delusione; siamo stati feriti e abbiamo ferito gli altri, e questo ci rende al tempo stesso maturi e immaturi. A volte siamo gentili e accomodanti nei confronti del comportamento altrui, mentre in altre occasioni ci sentiamo immediatamente feriti, ci arrabbiamo o reagiamo.

Arrivati all'età adulta siamo presi dalle nostre opinioni e credenze politiche e sociali le quali, certi come siamo che siano verità assolute, diventano difficili da mettere in discussione.

Di solito viviamo una persona che abbia un'opinione contraria alla nostra come profondamente aliena da noi, e ce ne allontaniamo in segno di rifiuto. Ciò accade in particolare in presenza di opinioni politiche o religiose differenti.

Se queste persone a noi opposte incontrano delle difficoltà nella vita, potremmo sentire che la loro sofferenza sia giustificata dalle loro opinioni ripugnanti, e potremmo provare segretamente piacere al cospetto del loro dolore. Questo è godimento per la sofferenza altrui.

In che modo, nel tuo vissuto, hai goduto per la sofferenza altrui?

_____

_____

Come si manifesta in te il godimento per la sofferenza altrui?

_____

_____

Karuṇā, la compassione

Per quali motivi si manifesta in te il
godimento per la sofferenza altrui?

_____

_____

_____

Crudeltà

Per intraprendere pienamente il sentiero del risveglio e di un'efficace autorealizzazione, dobbiamo—ripeto, dobbiamo—essere in grado di stare con tutti gli aspetti e le espressioni della nostra psicologia. Non progrediremo mai verso esperienze più profonde e realizzate a meno che non riusciamo a guadare quella che sembra la nostra palude personale, le nostre eventuali parti rifiutate e rinnegate.

Potresti avere il ricordo precoce di aver provato un piacere silenzioso e segreto nei confronti della sofferenza di un'altra persona. Potrebbe essere stato qualcuno che in passato ti aveva ferito. Forse, dopo che questo era accaduto, hai visto che viveva qualcosa di doloroso e ne hai tratto un po' di soddisfazione, e magari hai anche detto qualcosa che ha aumentato la sua sofferenza. Peggiorare intenzionalmente la sofferenza di un altro è crudeltà.

Quando provi piacere per la sofferenza di una persona che non ti piace o che odi, stai ostacolando il sorgere spontaneo della compassione. Per poterci aprire completamente alla compassione dobbiamo affrontare onestamente e coraggiosamente il disagio dei nostri comportamenti passati offensivi. Man mano che impariamo a riconoscere la nostra crudeltà, ne veniamo sempre meno inconsciamente condizionati. La crudeltà può quindi diventare una scelta esplicita piuttosto che un comportamento inconsapevole, e quando questo accade può essere anche abbandonata. Voltare in questo modo le spalle alla crudeltà ci aiuta ad aprirci alla presenza di una compassione gentile.

In che modo, nel tuo vissuto, hai sperimentato la crudeltà o l'essere crudele?

_____

_____

_____

Come si manifesta in te la crudeltà?

_____

_____

_____

Per quali ragioni si manifesta in te la crudeltà?

_____

_____

_____

Cosa può apparire simile alla compassione?

Potremmo scambiare per compassione la commiserazione, la rabbia che consideriamo giustificata, o la paura.

Commiserazione

Quando compatiamo qualcuno, lo osserviamo con un senso di superiorità e siamo testimoni della sua sofferenza da una grande distanza emotiva. Potremmo sentirci male per questa persona, ma quando siamo bloccati nella commiserazione non siamo in grado di offrire un reale sostegno. Vediamo la persona che compatiamo come una vittima, e arriviamo quasi a credere che possa meritare la sua sofferenza. La commiserazione non è d'aiuto o gentile, ma giudicante e spesso condiscendente.

In che modo, nel tuo vissuto, hai sperimentato la commiserazione?

_____

_____

_____

Come si manifesta in te la commiserazione?

_____

_____

_____

Perché sorge in te la commiserazione?

_____

_____

_____

Rabbia che consideriamo giustificata

Anche la rabbia che consideriamo giustificata ha origine da un senso di superiorità interiore. La sentiamo come indiscutibilmente giusta, perché siamo convinti di sapere cosa sia meglio per tutti. Una persona che non si comporta nel modo che riteniamo migliore può scatenare la nostra rabbia, che, a sua volta, alimenta la nostra presunzione e ci porta a scagliarci contro gli altri. La rabbia a sostegno di qualcuno che sta soffrendo non è compassione. Invece di offrire un supporto che aiuti la persona sofferente a comprendere il suo dolore, ne attacchiamo superficialmente la causa in preda a una rabbia moralista.

In che modo, nel tuo vissuto, hai sperimentato una rabbia che consideri giustificata?

_____

_____

_____

Come si manifesta in te questo tipo di rabbia?

_____

_____

_____

Perché surge in te questa rabbia?

_____

_____

_____

Paura

La paura sorge quando ci sentiamo disconnessi dal nostro cuore. Quando il nostro cuore è celato, ci sentiamo abbandonati, privi di speranza o impotenti. Nel reagire con la paura, ci contraiamo in noi stessi; non affrontiamo ciò che sta accadendo né cerchiamo una risposta sana, ma ci ritraiamo in cerca di una via di fuga. Se ci sentiamo impauriti di fronte al dolore di un altro ci chiudiamo in noi stessi, invece di offrirgli compassione o un utile sostegno.

In che modo, nel tuo vissuto, hai sperimentato la paura?

_____

_____

_____

Come si manifesta in te la paura?

_____

_____

_____

Perché sorge in te la paura?

_____

_____

_____

La pratica di karuṇā

L'oggetto meditativo nella meditazione di *karuṇā* è la sofferenza provata da qualcuno. Siamo presenti, come testimoni, al suo dolore e alla sua sofferenza. Idealmente, saremo consapevoli della nostra reazione alla sofferenza di un altro, offrendogli al contempo gentilezza, fiducia e accoglienza compassionevole.

Categorie di esseri

> Persona che soffre
> Sé stessi
> Benefattore
> Amico
> Persona neutra
> Persona difficile
> Tutti gli esseri

Frase di sostegno: «Che tu possa essere libero dalla sofferenza».

Quando intraprendi la meditazione di *karuṇā*, ripeti in silenzio la frase di sostegno per aiutarti a stare vicino mentalmente alla persona sofferente.

Iniziamo la meditazione di *karuṇā* tenendo presente mentalmente una persona che conosciamo e che sta soffrendo. Lo facciamo mantenendo la consapevolezza sulla sua sofferenza. A volte possiamo avvertire la causa di questa sofferenza, ma non è necessario conoscerla o stare a contatto con essa per prendere parte alla meditazione di *karuṇā*. A volte la persona che soffre sta inconsapevolmente causando il proprio dolore.

Quando hai un'immagine chiara o una sensazione interiore della persona che soffre, entra in contatto con la sua sofferenza. Non cercare di offrire delle soluzioni: compassione significa stare vicini alla sofferenza, non risolverla o eliminarla.

Fai dei respiri profondi con l'addome e rimani con il suo dolore. Quando la tua concentrazione meditativa raggiunge una profondità sufficiente, sentirai sorgere una tenerezza gentile o un senso di accoglienza incondizionata in risposta al dolore dell'altro.

Rimani con la categoria di persona sofferente fino a che, ogni volta che ne immagini una, il tuo cuore si apre e senti sorgere spontaneamente un sostegno e una tenerezza gentili. Quando potrai stare con la loro sofferenza senza sentire l'impulso di risolverla, probabilmente avvertirai una chiarezza mentale.

La pratica della meditazione di compassione ci aiuta ad essere più sensibili, aperti e trasparenti. Attraverso il contatto diretto con un approccio interiore di cura e di affettuoso supporto possiamo essere genuinamente presenti agli altri.

Una risposta comune alla sofferenza altrui è quella di voler offrire una soluzione, e per molti anni questa è stata la mia reazione automatica. Non restavo molto tempo a contatto con le difficoltà degli altri ma passavo velocemente oltre il loro dolore per trovare una soluzione. Mi sono reso conto allora, e ancora più chiaramente oggi, che non onorando i loro sforzi, stavo minimizzando le loro difficoltà e aggiungendo ulteriore sofferenza. Il mio approccio li faceva sentire poco presi in considerazione e contribuiva al loro dolore. Sebbene aggiungere altra sofferenza non fosse il mio intento, questo era dovuto alla mia incapacità di osservare e sentire la mia sofferenza. La pratica di *karuṇā* mi ha ammorbidito abbastanza da rendermi disponibile a stare direttamente e autenticamente a contatto con il mio dolore e la mia sofferenza. Quando riusciamo a fare questo, man mano che acquisiamo maggiore esperienza nell'essere presenti alla sofferenza altrui, possiamo affrontare la loro afflizione con compassione. Possiamo apprezzarli per quello che sono, onorare le difficoltà che la vita ha avuto in serbo per loro e augurare loro il meglio. La capacità di offrire a un altro essere un amore incondizionato si sviluppa attraverso la pratica meditativa di *mettā* (gentilezza amorevole).

8
Mettā, *la gentilezza amorevole*

LA VITA DEGLI ESSERI UMANI può essere davvero difficile e dolorosa. Quando eravamo bambini le persone che si prendevano cura di noi hanno fatto tutto il possibile per sostenerci nei momenti di difficoltà. Servendoci da modelli, ci hanno insegnato molti modi per evitare le sfide della vita,

Se stiamo veramente percorrendo un
sentiero di apertura verso la nostra natura
più profonda e un'autorealizzazione in
continuo dispiegarsi, dobbiamo
confrontarci direttamente con la verità che
nella vita esistono sia dolori che piaceri,
e che per liberarci non possiamo ricercare
esclusivamente le esperienze gradevoli.

anche se, in realtà, non saremo mai in grado di controllare o evitare le sue esperienze dolorose. È una comprensione fondamentale del buddhismo che nella vita sia insita l'insoddisfazione. Se stiamo veramente percorrendo un sentiero di apertura verso la nostra natura più profonda e un'autorealizzazione in continuo dispiegarsi, dobbiamo confrontarci direttamente con la verità che nella vita esistono sia dolori che piaceri, e che per liberarci non possiamo ricercare esclusivamente le esperienze gradevoli.

La meditazione di *mettā* offre un modo per affrontare le sfide dolorose della vita con amore e un cuore aperto. Il termine *mettā* viene solitamente tradotto come "gentilezza amorevole": a contatto con l'amore e la gentilezza avvertiamo un sostegno particolare, un'innata, costante leggerezza. È la leggerezza amorevole di cui abbiamo bisogno per affrontare le sfide e le lotte della vita con un cuore aperto.

Resistenze a *mettā*

Per la meditazione di *mettā* ci sono diverse resistenze ben note: odio, rabbia, avversione, odio o giudizio nei confronti di sé stessi, e senso di colpa.

Odio

Potremo contattare meglio la gentilezza amorevole attraverso una comprensione più profonda dell'odio, che è spesso accoppiato a una sensazione di impotenza. Quando eravamo bambini sentivamo che gli adulti avevano molto potere su di noi, ci sentivamo piccoli, forse insignificanti e impotenti, persino privi di speranza, e avevamo possibilità limitate di interazione con gli adulti. Avevamo paura che il nutrimento e il sostegno che ricevevamo sarebbero diminuiti se avessimo espresso pienamente la nostra insoddisfazione. Un modo per aiutarci a combattere interiormente e in silenzio tutto questo era provare un odio profondo, fantasticando di uccidere questi adulti così potenti. L'odio poteva, quindi, dare sostegno al nostro cuore dolorante, pur non essendo una risposta matura all'esperienza di sentirsi sopraffatti dal potere altrui. L'odio può essere inteso come una strategia disperata che il nostro io ferito adotta per sentire che può sopravvivere a un attacco verbale o emotivo devastante. Per lo sviluppo spirituale è fondamentale essere in grado di riconoscere e sperimentare l'odio che proviamo: se non riusciamo a stare con questo sentimento mentre sorge, non saremo in grado di avvertire pienamente la delicata leggerezza della gentilezza amorevole o *mettā*, così piena di calore.

In che modo, nel tuo vissuto, hai sperimentato l'odio?

_____

_____

_____

Come si manifesta in te l'odio?

_____

_____

_____

Perché si manifesta in te l'odio?

_____

_____

_____

Mettā, la gentilezza amorevole

Rabbia

Quando ci si sente attaccati, la rabbia è una risposta più moderata rispetto all'odio. È un'emozione necessaria, una reazione emotiva che dobbiamo avvertire mentre sorge dentro di noi. Non sto raccomandando di esprimere la rabbia esteriormente ogni volta che si manifesta, piuttosto vi sto incoraggiando a sentirla appieno quando è realmente presente. Quando questo accade, non dobbiamo agirla o esprimerla, ma nemmeno rifiutarla o reprimerla. Quando reprimiamo le emozioni, esse poi covano in noi fino a esplodere, di solito in modo inappropriato. È meglio, inoltre, non preoccuparci troppo della nostra rabbia, ma permettere che essa appaia e scompaia naturalmente, senza influire su questo processo. Sopprimere o dimorare nella rabbia ci impedirebbe di contattare appieno la delicata gentilezza amorevole di *mettā*.

In che modo, nel tuo vissuto, hai sperimentato la rabbia?

_____

_____

_____

Come si manifesta in te la rabbia?

_____

_____

Perché si manifesta in te la rabbia?

_____

_____

Avversione

Ogni volta che incontriamo esperienze indesiderate e dolorose, una risposta comune è l'avversione. L'avversione è un rifiuto radicale di ciò che sta accadendo nel momento presente, e ci permette di nasconderci dalla realtà o evitarla. La logica dietro tutto questo è che, sopprimendo la parte dolorosa della vita, potremmo godere solamente di esperienze piacevoli. Ma una logica di tal fatta è fallace poiché, così facendo, stiamo solo mascherando temporaneamente la sofferenza emotiva, e questa probabilmente sarà ancora presente dopo che la nostra avversione sarà svanita. Se usiamo l'avversione come strategia di vita volta all'evitamento, restringiamo inconsapevolmente la connessione con i nostri cuori alzandovi intorno delle barricate, limitando così il contatto con la calda, morbida tenerezza della gentilezza amorevole e la nostra capacità di lasciarci suggestionare da essa.

In che modo, nel tuo vissuto, hai sperimentato l'avversione?

_____

_____

_____

Come si manifesta in te l'avversione?

_____

_____

_____

Perché si manifesta in te l'avversione?

_____

_____

_____

Odio e giudizio nei propri confronti
Ognuno di noi ha interiorizzato le critiche dei primi caregiver. Da bambini, ci può sembrare che la nostra stessa sopravvivenza dipenda dall'accettare una critica. Possiamo vedere il nostro caregiver come un essere perfetto e sentire che al confronto siamo profondamente difettosi. A volte aderiamo al loro giudizio negativo su di noi per attenuare il dolore pungente provocato dal loro rifiuto. Se manteniamo questo comportamento abbastanza a lungo, l'essere in difetto diventa una convinzione indiscussa, nonostante la sofferenza che proviamo. Accettando le loro critiche, possiamo iniziare a covare una continua e inconscia autocritica, e persino odio per noi stessi. Quando siamo irretiti dall'odio nei nostri confronti o dall'auto-giudizio, chiudiamo la connessione con il nostro cuore e non ne accogliamo l'apertura necessaria al sorgere della gentilezza amorevole.

In che modo, nel tuo vissuto, hai sperimentato l'odio per te stesso e l'auto-giudizio?

_____

_____

_____

Come si manifestano in te l'odio verso te stesso e l'auto-giudizio?

_____

_____

_____

Perché si manifestano in te l'odio e l'auto-giudizio?

_____

_____

_____

Senso di colpa

Nel nostro viaggio spirituale dal primo risveglio alla completa realizzazione dobbiamo essere orientati verso l'interno. Dobbiamo diventare abili, intimi navigatori della nostra esperienza interiore. Questo volgersi all'interno può risultare angosciante, può sembrare che stiamo rifiutando la vita, i nostri amori e il nostro mondo, abbandonando la nostra umanità. In effetti, stiamo facendo proprio questo, ma solo temporaneamente. Questo necessario allontanamento non è in realtà un rifiuto della vita esteriore poiché, sorprendentemente, più ci volgiamo all'interno, più entriamo in contatto e in connessione con il mondo esterno. Me ne sono reso conto personalmente quando ho intrapreso questo processo. La mia vita aveva più senso, perché le mie azioni e i miei comportamenti erano più autentici.

Potremmo, tuttavia, provare anche sentimenti di disagio, persino di colpa. L'esperienza della felicità o della gratificazione può innescare sensi di colpa per il fatto che altri non sono in grado di godere di questi stessi piaceri. Potremmo sentirci egoisti o egocentrici nel prenderci cura di noi stessi, non occupandoci dei molti problemi del mondo. Quando il senso di colpa si accompagna alla constatazione della sofferenza altrui, non abbiamo sufficiente spazio interiore perché la gentilezza amorevole possa sorgere. Dobbiamo riconoscere questo senso di colpa ed esserne consapevoli mentre sorge, poiché solo se viene osservato può passare da inconscio a conscio, riducendo così il suo effetto su di noi. Il senso di colpa, quando lo si osserva, può diventare qualcosa con cui interagire piuttosto che qualcosa che ci travolge.

In che modo, nel tuo vissuto, hai sperimentato il senso di colpa?

_____

_____

_____

Come si manifesta in te il senso di colpa?

_____

_____

_____

Perché si manifesta in te il senso di colpa?

_____

_____

_____

Cosa può apparire simile alla gentilezza amorevole?

Ci sono alcune qualità emotive e psicologiche che possiamo scambiare per gentilezza amorevole: l'attaccamento, il desiderio e l'amore possessivo.

Attaccamento

Sviluppare e dirigere la gentilezza amorevole verso un altro significa creare una connessione leggera, aperta e senza vincoli. È generosa, di cuore e libera da qualsiasi attaccamento o "appiccicosità" egoica. Quando il calore della gentilezza amorevole è filtrato dal nostro modello di personalità e dalle nostre ferite, esso può rivelare un bisogno sottostante, il quale ci conferma che, per sentirci bene con noi stessi, dobbiamo essere riconosciuti, legittimati o apprezzati dagli altri. La dipendenza dell'attaccamento ci impedisce di essere liberi e autosufficienti.

Mettā, la gentilezza amorevole

In che modo, nel tuo vissuto, hai sperimentato l'attaccamento?

_____

_____

_____

Come si manifesta in te l'attaccamento?

_____

_____

_____

Perché si manifesta in te l'attaccamento?

_____

_____

_____

Desiderio

Il desiderio può essere vissuto come una brama emotiva. Può consistere nel desiderare che un'altra persona ci veda in un dato modo, oppure nel desiderare beni materiali che ci aiutino a sentirci completi e appagati. In genere cerchiamo riconoscimento, considerazione o apprezzamento. Il desiderio è volere qualsiasi cosa di cui ci sentiamo mancanti. Dal punto di vista psicologico, ciò che desideriamo ha lo scopo di riempire il nostro senso di mancanza interiore, proveniente dai territori inesplorati del nostro modello di personalità. È il sintomo che non siamo connessi con la Presenza dell'Assoluto.

In che modo, nel tuo vissuto, hai sperimentato il desiderio?

_____

_____

_____

Come si manifesta in te il desiderio?

_____

_____

_____

Mettā, la gentilezza amorevole

Perché si manifesta in te il desiderio?

_____

_____

_____

Amore possessivo
L'amore possessivo è la pretesa insistente che un'altra persona dia priorità alla soddisfazione dei nostri bisogni e alla fame del nostro cuore, invece di provvedere alle sue necessità. Non vogliamo condividere l'oggetto del nostro amore con nessun altro. Si tratta di un amore malsano, e, quando l'oggetto del nostro amore non si occupa esclusivamente di noi, finiamo per reagire violentemente in preda al dolore e alla rabbia.

In che modo, nel tuo vissuto, hai sperimentato l'amore possessivo?

_____

_____

_____

Come si manifesta in te l'amore possessivo?

_____

_____

_____

Perché si manifesta in te l'amore possessivo?

_____

_____

_____

Il bisogno emotivo è privo della stabilità e della libertà della gentilezza amorevole. Per "libertà" intendo che l'amore è dato liberamente senza prevedere alcun tornaconto, è aperto, spazioso e privo di restrizioni.

La pratica di mettā

Inizia la pratica di *mettā* nella tua solita postura di meditazione. Fai respiri profondi con l'addome e lascia che la tua consapevolezza si stabilizzi nella regione del cuore.

Categorie di esseri

- Sé
- Benefattore
- Amico
- Persona neutra
- Persona difficile
- Tutti gli esseri

Frasi di sostegno: «Che io possa essere al sicuro. Che io possa essere sano. Che io possa essere felice. Che io possa vivere con un senso di agio. Che io possa essere liberato».

Richiama alla tua mente l'immagine o la percezione di te stesso. È meglio scegliere un periodo della vita in cui puoi entrare facilmente in contatto con la bontà innata. Per alcune persone, questa sarà un'immagine attuale, per altre sarà più facile immaginarsi in un'età passata, persino da bambini.

Mantenendo con leggerezza l'immagine o la percezione di te, respira nella zona del cuore. Senti e percepisci la tua bontà innata, che non è condizionata dal fatto che ti devi comportare in un dato modo. È la bontà che viene irradiata quando si è rilassati, essendo semplicemente sé stessi.

Ripeti silenziosamente le frasi di sostegno per aiutarti a rimanere con la tua sensazione o immagine mentale. Man mano che la meditazione si approfondisce e si stabilizza sarà utile sintetizzare le frasi in una forma più condensata. Puoi provare a restringere le frasi a «sicuro, sano, felice, tranquillo, liberato».

Alcune persone possono avere una stratificazione, un intorpidimento intorno al cuore, e per loro all'inizio può essere difficile avvertire la propria bontà innata. Fortunatamente si tratta di una barriera temporanea. Se ti senti bloccato, prova a cambiare l'oggetto meditativo passando da te stesso a un benefattore. Una volta che hai trascorso del tempo a colmare l'area del cuore con la bontà innata verso un benefattore, sarà più facile accedere a questa qualità del cuore nei tuoi stessi confronti. Procedi lentamente. Avverti la bontà innata, la tua bontà innata, nell'area del cuore.

Prenditi il tempo necessario per permettere alla bontà di raccogliersi nell'area del cuore. Questo può richiedere ore o giorni, persino durante un ritiro. È importante seguire le diverse fasi della pratica per raggiungere una completezza nel cuore. La pienezza di *mettā* sarà raggiunta quando sentirai l'area del cuore traboccare di gentilezza amorevole. Tutto ciò avrà una sua conferma quando, lontano dal cuscino di meditazione e impegnato nella vita quotidiana, scoprirai che *mettā* fluisce naturalmente e involontariamente dal centro del cuore verso gli altri.

Questo è il momento di passare al benefattore, il prossimo nella categoria degli esseri. Segui lo stesso processo, tenendo ben presente il benefattore nella mente, e sentendo o vedendo la sua bontà innata nell'area del cuore.

La pratica della gentilezza amorevole ammorbidisce quelle parti del nostro cuore che sentiamo essere state ferite dagli altri, e che possono apparire dure, rigide e distanti. Sentendo la bontà di un'altra persona e augurandole gentilezza amorevole stiamo rimuovendo le barriere interiori che limitano la nostra connessione con gli altri.

Ho iniziato la meditazione di gentilezza amorevole negli anni '90. Avevo trent'anni, ero all'inizio della mia carriera come avvocato e cercavo, senza successo, di isolare il mio cuore dal dolore del confronto giuridico, che faceva parte della professione. In effetti, per avere più successo stavo cercando di chiudere il mio cuore e di murare i miei sentimenti di tenerezza. Come ci si può aspettare, non funzionò. Non solo sentivo ancora il disagio e il dolore del confronto argomentativo caratteristico del contenzioso, ma stavo indurendo le qualità del cuore nei miei stessi confronti. Questo mi lasciava con meno risorse interne, senza diminuire in alcun modo la mia sofferenza.

Quando iniziai a praticare la meditazione di gentilezza amorevole iniziai a sentire che il cuore si stava dolcemente aprendo. Non era una forma di debolezza, come invece mi sarei aspettato, ma di resilienza. In effetti, stavo acquisendo più dimensioni, una maggiore vastità del cuore, così come la capacità di essere più presente nel mio lavoro, prendendo le interazioni difficili in modo meno personale. Mi resi conto, in questo modo, che funzionare come avvocato non mi richiedeva di nascondere o mascherare la mia tenerezza.

La purificazione del cuore

LE TRE MEDITAZIONI SEGUENTI non fanno tradizionalmente parte dei *brahmavihāra*, le meditazioni del cuore del Buddha, eppure le ho trovate preziose e indispensabili nella mia pratica meditativa, opinione condivisa da molti dei miei studenti.

Impegnarsi regolarmente nel riconoscimento dei doni presenti nella nostra vita attraverso una pratica di gratitudine, come descritto nel Capitolo 9, è molto efficace. Invece di concentrarci su ciò che manca in noi e nella nostra vita, ci rivolgiamo verso i suoi aspetti fruttuosi e ci orientiamo verso ciò che ci viene offerto.

In quanto esseri umani, accumuliamo dentro di noi sentimenti quali rabbia, risentimento, sensi di colpa e vergogna, causati in gran parte da incontri insoddisfacenti, interazioni difficili, ricordi di questioni irrisolte con altre persone, o giudizi sul nostro comportamento passato. Impegnandoci nella pratica del perdono, che esploreremo nel Capitolo 10, possiamo intenzionalmente e specificatamente riconoscere eventuali comportamenti dannosi, identificarne possibilmente le cause, e formulare l'intenzione di lasciar andare, di rilasciare il dolore che stiamo trattenendo. Questo rilascio di vecchi ricordi e dolori carichi di emotività ci consente di sviluppare una spaziosità interna, attraverso la quale possiamo accogliere un contatto più profondo con la nostra vera natura, mentre il nostro percorso di risveglio continua a dipanarsi.

Una ragione di fondo per cui noi, come specie, ci orientiamo verso la negatività, è la perdita di contatto con la nostra natura più profonda. Questa perdita di contatto con la Presenza dell'Assoluto in noi ci porta ad adottare una visione psicologicamente difensiva. Privilegiamo e ricerchiamo ciò che ci manca o è carente nella nostra vita. Controlliamo chi ci circonda per vedere quale amico o membro della famiglia ci vede come vorremmo essere visti. Vogliamo che essi ci rimandino l'immagine migliore di noi. Abbiamo temporaneamente perso la connessione con la nostra natura più profonda, il che si traduce in incertezza e preoccupazione.

Le pratiche dell'Unità della Realtà, illustrate nel Capitolo II, possono aiutare a riorientarci verso la nostra più profonda verità: che siamo un'espressione unica della totalità indivisa della Presenza. Volgerci e, infine, ritornare a questa Presenza risvegliata e consapevole, riconoscendola come la nostra vera essenza, ci permette di mettere a fuoco il nostro stesso essere con maggiore chiarezza. Attraverso questa interezza indivisa, apprendiamo e comprendiamo che siamo sempre connessi a ogni altro essere vivente: quando respiriamo, sentiamo e sappiamo che la Terra e tutti i suoi abitanti respirano con noi.

9
La pratica della gratitudine

ESSERE IN CONTATTO con la propria gratitudine è una tappa importante nel viaggio di risveglio del cuore. Quando non lo siamo, possiamo avvertire un leggero indurimento interiore che sfocia nell'insensibilità e nella banalizzazione di ciò che ci è stato offerto. Minimizzando la gratitudine, trattiamo i doni della vita con sprezzo, e scegliamo di credere che essi dipendano solamente dalle nostre azioni.

Essere grati significa apprezzare ciò che la vita ci offre, e la stessa gratitudine ci conferma che siamo parte di una totalità indivisa, che è munifica, ricolma di generosità e di amore.

Essere grati significa apprezzare ciò che la vita ci offre, e la stessa gratitudine ci conferma che siamo parte di una totalità indivisa, che è munifica, ricolma di generosità e di amore. In verità, non ci manca il sostegno di cui abbiamo bisogno per condurre la nostra vita e il nostro viaggio sul cammino del risveglio. In questa pratica, entreremo in contatto con tutte le persone e i doni materiali che la vita ci ha offerto, e questo ci aiuterà ad avvertire l'autenticità del cuore.

Da giovane meditante buddhista ero piuttosto immaturo a livello emotivo e convinto che il progresso nell'esperienza meditativa e nel risveglio fosse legato unicamente ai miei sforzi e alla mia forza di volontà. Sentivo che il mio destino di praticante spirituale dipendeva solo dal mio impegno, e ci sono voluti anni, e insegnanti gentili, per imparare che non avevo alcun controllo né ero completamente indipendente. Il crollo del mio matrimonio e la lotta dei miei famigliari contro la malattia e la morte mi giunsero come un ammonimento. Non c'era letteralmente nulla che potessi fare per poter curare la malattia altrui o evitarne la morte.

Fu in queste circostanze che scoprii la pratica della gratitudine: la pesantezza derivante dal tentativo di controllare la mia vita stava schiacciando la mia coscienza ma, ogni volta che nominavo una persona o una qualità della mia vita per la quale ero grato, il cuore si alleggeriva. La pratica della

La pratica della gratitudine

gratitudine mi aveva inoltre portato a dare importanza alle persone salutari che mi sostenevano in modo disinteressato. Possiamo avvertire la gratitudine e i suoi benefici in qualsiasi fase del nostro percorso spirituale. La gratitudine rende il nostro cuore gioioso e ha un'influenza calmante, poiché siamo in contatto con la nostra natura più profonda e ci concentriamo su ciò che *riceviamo* piuttosto che su ciò che *facciamo* lungo il nostro particolare percorso. La gratitudine lenisce e spiana le onde agitate dell'ansia e i sentimenti legati all'attaccamento o al desiderio.

La gratitudine rende il nostro cuore gioioso e ha un'influenza calmante, poiché siamo in contatto con la nostra natura più profonda e ci concentriamo su ciò che riceviamo *piuttosto che su ciò che* facciamo *lungo il nostro particolare percorso. La gratitudine lenisce e spiana le onde agitate dell'ansia e i sentimenti legati all'attaccamento o al desiderio.*

Resistenze alla gratitudine

Ci sono diverse resistenze o blocchi che possono limitare il nostro contatto con la gratitudine nel nostro cuore: l'abbandono, l'isolamento e la sfiducia.

Abbandono

Ci sono momenti nella vita in cui ci sentiamo abbandonati da una persona importante e, come accade comunemente, abbiamo sperimentato il nostro primo abbandono da piccoli, anche se questo non significa necessariamente che abbiamo avuto caregiver disattenti. I genitori perfetti non esistono; potrebbero, infatti, aver avuto difficoltà a soddisfare i loro stessi bisogni e non essere stati in grado di soddisfare le nostre necessità infantili. In seguito, la maggior parte delle persone sperimenta l'abbandono da parte di amici, familiari o persone amate. Anche questo è comune ma non significa che essi avessero cattive intenzioni. Probabilmente stavano vivendo dei cambiamenti nella loro vita che hanno influito sulla relazione con noi.

Queste esperienze di abbandono possono lasciarci nella convinzione di non essere degni di essere amati. Nell'affrontare questo problema ci rivolgiamo alla verità che siamo stati abbandonati e che questo ci ha colpito in diversi modi.

In che modo, nel tuo vissuto, ti sei sentito abbandonato?

_____

_____

_____

Come si manifestano in te i sentimenti di abbandono?

_____

_____

_____

Perché sorgono in te i sentimenti di abbandono?

_____

_____

_____

Isolamento

Uso il termine "isolamento" per i momenti della vita in cui ci sentiamo soli senza aver scelto di esserlo. L'isolamento è la sensazione di essere tagliati fuori o esclusi dagli altri quando, invece, aspireremmo a essere connessi con loro.

Spesso chi ha sperimentato il senso di isolamento può credere che sia giustificato, ed elaborare una narrazione interna che lo vede come indegno di essere amato, sgradevole, o addirittura privo di valore. Quando crediamo veramente a queste narrazioni interne negative, esse possono diventare parte dell'immagine inconscia che abbiamo di noi stessi senza che siamo in grado di vederle e, quindi, di metterle in discussione. È qui che l'esercizio seguente relativo all'isolamento può esserci d'aiuto.

In che modo, nel tuo vissuto, hai sperimentato il senso d'isolamento?

_____

_____

_____

Come si manifesta in te il senso d'isolamento?

_____

_____

_____

Perché sorge in te il senso d'isolamento?

_____

_____

_____

Sfiducia

La sfiducia si sviluppa sin da giovani quando qualcuno o qualcosa che apprezziamo ci viene portato via inaspettatamente. Può essere la perdita di una persona di riferimento, l'amore di qualcuno o un bene importante. Se questo accade ripetutamente, possiamo iniziare a vedere il mondo come un luogo instabile, e a diffidare di ciò che identifichiamo come la fonte dell'intera esistenza. Di conseguenza, a causa della sfiducia ci allontaniamo dalla naturale abbondanza che la vita può offrire. Comprendere appieno la nostra relazione con la sfiducia e in che modo influisca sulla nostra vita può invece aiutarci a stabilire un contatto più profondo con la fiducia intrinseca.

In che modo, nel tuo vissuto, hai sperimentato la sfiducia?

_____

_____

_____

Come si manifesta in te la sfiducia?

_____

_____

_____

Perché emerge in te la sfiducia?

_____

_____

_____

Ora che hai esplorato la tua relazione con le resistenze alla gratitudine, prova la seguente pratica della gratitudine.

La pratica della gratitudine

> Siediti in posizione comoda su una sedia o su un cuscino da meditazione.
> Metti le mani in grembo o in alto sulle cosce.
> Chiudi gli occhi.
> Fai dei respiri profondi e tranquilli con l'addome, permettendo alla consapevolezza di stabilirsi dentro di te.
> Lascia andare i pensieri, le emozioni e i ricordi.
> Dirigi la consapevolezza all'area del cuore.
> Inizia nominando, a voce alta o dentro di te, una cosa di cui sei grato in questo momento.

Gratitudine per le persone

Ecco alcuni esempi di ciò che potresti dire:

> «Sono grato per questa particolare persona nella mia vita perché mi ascolta e mi aiuta a inseguire i miei sogni».

- «Sono grato di avere la casa in cui vivo, che mi protegge e mi tiene al sicuro».
- «Sono grato per il mio lavoro, che mi permette di condividere le mie capacità con il mondo».
- «Sono grato per il cibo e le bevande quotidiani, che sostengono il mio corpo».
- «Sono grato di vivere in un posto pieno di alberi e laghi, che danno sollievo alla mia anima».
- «Sono grato per la salute, che mi permette di impegnarmi nella vita».
- «Sono grato per questo insegnante, o altro mentore, che condivide il suo insegnamento con me».

Gratitudine per i doni della vita

Ecco alcuni esempi di ciò che potresti dire:

- «Sono grato di avere una sedia o un divano comodo su cui sedermi».
- «Sono grato di avere un posto dove vivere».
- «Sono grato per la tranquillità di questa stanza».

- › «Sono grato di essere abbastanza in salute da potermi sedere qui nel momento presente e semplicemente respirare».
- › «Sono grato di avere il mio lavoro che mi aiuta a sostentarmi».
- › «Sono grato per il calore del cuore che sento in questo momento».
- › «Sono grato per l'amore e la tenerezza che sento nel mio cuore».
- › «Sono grato di essere vivo».

Come è stato? È stato facile o difficile connetterti alla gratitudine? Hai notato qualche schema particolare riguardo alle persone o ai doni della vita per cui hai provato gratitudine?

_____

_____

_____

Questi esercizi possono essere ripetuti più volte. Ogni volta che li intraprendiamo, sveliamo nuovo materiale inconscio della nostra psiche e questo, a sua volta, ci aiuta a sviluppare una maggiore comprensione di come si sia formata la nostra immagine interna. Comprendere più a fondo ciò che è successo nella nostra vita e come ne siamo stati influenzati ci permette anche di aggiornare quest'immagine. Man mano che contattiamo la gratitudine in modo sempre più profondo ci apriamo a ricevere dalla vita una crescente abbondanza.

Quando iniziamo a capire il nostro vissuto personale e le nostre resistenze in relazione alla gratitudine, quello è il momento giusto per rivolgere la nostra pratica al perdono. Coltivare la pratica del perdono ci aiuta a identificare e a liberare quelle parti profonde di noi in cui albergano le ferite e le sofferenze del cuore.

10
La pratica del perdono

I RICORDI DI AVER FATTO del male ed essere stati profondamente feriti dagli altri, così come da noi stessi, possono contribuire a bloccare o mascherare la naturale tenerezza del nostro cuore. Il senso di colpa, il rimorso, la rabbia e il giudizio, che si stratificano intorno all'area del cuore e derivano dal tentativo di sopprimere la sofferenza, possono renderci interiormente insensibili, frapponendosi tra la consapevolezza e la nostra naturale tenerezza. Trattenere in questo modo le vecchie ferite può impedirci di sentire pienamente la profondità e le capacità del nostro cuore, e il perdono è una pratica grazie alla quale possiamo iniziare a riconoscere e ammorbidire le dense stratificazioni che vi si sono venute a creare.

Resistenze al perdono

La maggior parte delle resistenze al perdono—al lasciare andare i nostri ricordi di essere stati feriti, rifiutati o abbandonati—è intrecciata con la nostra identità. Queste resistenze includono credere di meritare il male inflitto dagli altri, identificarci con la nostra rabbia e il nostro odio, e mantenere l'apparenza di persona innocente, pura e buona.

Trattenere in questo modo le vecchie ferite può impedirci di sentire pienamente la profondità e le capacità del nostro cuore, e il perdono è una pratica grazie alla quale possiamo iniziare a riconoscere e ammorbidire le dense stratificazioni che vi si sono venute a creare.

La convinzione di meritare il male inflittoci dagli altri

Potremmo creare e alimentare a nostra insaputa la profonda convinzione di meritare il male subito, il rifiuto o l'abbandono degli altri. In realtà, potremmo avere il bisogno di sollevare da ogni colpa chi ci sta facendo del male. Le esperienze di sofferenza, rifiuto e abbandono sono probabilmente iniziate a partire dai nostri primi anni di vita: a quel tempo, eravamo comprensibilmente dipendenti per la nostra stessa sopravvivenza dai nostri caregiver. Ci era anche indispensabile pensare che essi fossero benevoli poiché se, al contrario, li avessimo visti come meschini o crudeli, questo avrebbe potuto renderci profondamente insicuri: non avremmo potuto avere fiducia, infatti, nel fatto che saremmo stati accuditi, nutriti e ospitati. La vita di un bambino piccolo dipende dall'affidabilità di chi si prende cura di lui ed è più facile che creda di essere la causa delle azioni dannose del caregiver, piuttosto che riconoscere in lui aspetti disfunzionali.

In che modo, nel tuo vissuto, hai sperimentato la convinzione di meritare il male inflitto dagli altri?

_____

_____

Come si manifesta per te questa convinzione?

_____

_____

_____

Perché emerge in te questa convinzione?

_____

_____

_____

Rabbia

Un bambino potrebbe interiorizzare il male inflittogli dal caregiver e "soffiare sul fuoco" della rabbia. Potrebbe erroneamente illudersi di punire il caregiver mantenendo viva la propria rabbia, così come reclamando il suo perduto senso interiore di amabilità, competenza o potere personale.

In che modo, nel tuo vissuto, hai sperimentato la rabbia?

_____

_____

_____

Come si manifesta in te la rabbia?

_____

_____

_____

Perché sorge in te la rabbia?

_____

_____

_____

Odio

Solitamente, l'odio si esprime tramite il pensiero di fare seriamente del male a qualcuno o eliminarlo dalla nostra vita poiché ci ha fatto soffrire. L'odio può essere avvertito come una irrefrenabile aggressività, oppure come una sensazione di gelido controllo.

In che modo, nel tuo vissuto, hai sperimentato l'odio?

_____

_____

_____

Come si manifesta in te l'odio?

_____

_____

_____

Perché sorge in te l'odio?

_____

_____

_____

Immagine di sé come buoni, puri e innocenti
Ognuno di noi, nel profondo, crede davvero di essere buono, puro e innocente. Questa credenza ci aiuta a mantenere la relazione con un caregiver che ci ha fatto del male poiché, come già detto, in giovane età sentiamo che la nostra stessa sopravvivenza dipende dal ricevere le cure della nostra figura di riferimento.

Potremmo tentare di mantenere la percezione di essere buoni e puri rivivendo continuamente i ricordi di essere stati rifiutati, abbandonati e feriti, creando così una narrazione interna che rafforzi il nostro senso di bontà e purezza.

In che modo, nel tuo vissuto, ti sei immaginato buono, puro e innocente?

_____

_____

_____

Come si manifesta questa tua immagine innocente?

_____

_____

Perché sorge in te questa tua immagine innocente?

_____

_____

Da giovane, ero il tipo di persona che in superficie sembra comprensiva e accettante ma, sotto quella facciata pubblica, trattiene rabbia e profonda vergogna. Serbavo un preciso ricordo di ogni occasione in cui ero stato ferito o avevo ferito qualcun altro. Con mio sgomento, rivedevo quelle scene regolarmente, ed ero prigioniero del mio passato doloroso. Fu solo quando scoprii e mi impegnai nella pratica del perdono che cominciai a lasciar andare alcuni di questi ricordi dolorosi e a sentirmi più leggero, meno contratto e più aperto a me stesso e agli altri. Stavo finalmente iniziando ad abbandonare gli auto-giudizi per il male che avevo commesso, così come la rabbia e la sfiducia verso coloro che mi avevano ferito, e a capire più a fondo per quale motivo e in che modo si fossero verificate quelle interazioni dolorose. In un antico testo buddhista, il *Dhammapada*, si legge questo verso: «L'odio non cessa mai a causa dell'odio, ma guarisce solo con l'amore. Questa è una verità antica». (Nel caso si voglia approfondire raccomando la traduzione in inglese di Gil Fronsdal del 2006).

Ora esploreremo una serie di esercizi relativi al perdono, liberamente adattati dalle "meditazioni del perdono" di Jack Kornfield, con il quale sono in debito sia per il suo permesso di includere nel libro questi profondi insegnamenti, sia per aver aperto la strada con il suo esempio a così tanti insegnanti laici occidentali.

Questa pratica è composta da tre parti. Nella prima, chiediamo perdono per aver fatto del male agli altri, averli abbandonati o rifiutati. Nella seconda, chiediamo perdono per come ci siamo allontanati da noi stessi, trascurati o fatti del male. Nella terza, offriamo il perdono a coloro che sentiamo che ci hanno abbandonato, ferito o allontanato.

La pratica del perdono

Per ognuno di questi esercizi, fai quanto segue:

> Siedi in una posizione comoda, su una sedia o su un cuscino da meditazione.
> Metti le mani in grembo o in alto sulle cosce.
> Chiudi gli occhi.
> Fai dei respiri profondi e tranquilli con l'addome, permettendo alla consapevolezza di stabilirsi dentro di te.
> Lascia andare i pensieri, le emozioni e i ricordi.
> Dirigi la consapevolezza all'area del cuore.

Perdono per aver ferito, abbandonato o respinto gli altri

Ripeti ad alta voce:

> Ho ferito, abbandonato o respinto gli altri, consapevolmente e inconsapevolmente, in molti modi.
>
> Ci sono state innumerevoli occasioni in cui ho fatto del male, ho abbandonato gli altri o ho respinto le persone vicine.

In questo momento ricordo ognuno di questi casi.

Ho ferito, abbandonato o respinto gli altri a causa della mia ignoranza, confusione o paura.

Chiedo loro umilmente perdono per le mie azioni.

Per favore, perdonatemi.

Nella parte successiva della pratica, prendiamo contatto con il male che ci siamo inflitti da soli, lasciamo andare il nostro senso di colpa o rimorso, e chiediamo perdono per il nostro comportamento.

Perdono per aver ferito, trascurato o rifiutato noi stessi

Ripeti ad alta voce:

Ho ferito, trascurato e rifiutato me stesso, consapevolmente e inconsapevolmente, in innumerevoli modi.

In questo momento ricordo ognuno di questi casi.

Ho ferito, rifiutato o trascurato me stesso a causa della mia ignoranza, confusione o paura.

Chiedo umilmente perdono per le mie azioni.

Perdono me stesso.

Che io possa essere perdonato.

Nell'ultimo passaggio, offriamo perdono a coloro che ci hanno ferito, respinto o abbandonato.

Perdono per coloro che ci hanno ferito, respinto o abbandonato

Ripeti ad alta voce:

Mi sono sentito ferito, respinto o abbandonato dagli altri in molti modi.

Ora vedo che questo è stato fatto per ignoranza, confusione o paura.

In questo momento ricordo ognuno di questi casi.

Ricordo le ferite, il rifiuto e l'abbandono che ho ricevuto.

Sono pronto a contemplare e lasciare andare questi profondi sentimenti di essere stato ferito, rifiutato e abbandonato.

Offro umilmente il perdono a coloro che mi hanno ferito, abbandonato o rifiutato.

Lascio andare le mie profonde ferite, i
miei ricordi di rabbia e di odio verso gli altri.
Non chiuderò mai il mio cuore.

Respira delicatamente nella zona del cuore.
Lascia andare ogni cosa.
Senti la tenerezza del cuore, senti la tua apertura, e accogli la gioia del lasciare andare, della libertà.
Respira nella tua intrinseca purezza e senti l'apertura del cuore.

Come è stato? È stato facile o difficile connetterti con il perdono per te stesso o per gli altri? Hai notato qualche schema riguardante le esperienze o i ricordi di ferite, rifiuto o abbandono?

_____

_____

_____

11
L'Unità del Reale

QUELLA DELL'UNITÀ è una delle possibili esperienze o realizzazioni che possiamo vivere sul sentiero buddhista. Con "Unità", intendo un'Unione indivisa e coesa, l'origine di tutte le forme e dell'assenza di forma, intangibile e priva di una struttura distinguibile. Dalla prospettiva dell'Unità emerge il sapere esperienziale che nell'essenza di ognuno di noi esiste un'autentica uguaglianza interiore. Questo non significa che siamo tutti identici, ma piuttosto che le nostre qualità più profonde appartengono alla stessa fonte: l'Assoluto e la Presenza dell'Assoluto. Le qualità della forma—le qualità personali esterne e interne—sono, invece, del tutto uniche e particolari. In realtà, su questo pianeta non ci sarà mai una persona identica a un'altra.

Per vent'anni, a partire dalla mia tarda adolescenza, ho praticato attivamente il buddhismo zen. Ero alla disperata ricerca dell'illuminazione e sentivo che, se solo avessi potuto trovarla e rivendicarne il possesso, tutte le preoccupazioni, i problemi personali e i comportamenti nocivi che facevano male a me stesso o agli altri sarebbero svaniti. Ero miopemente concentrato sull'ottenere la *mia* illuminazione e fantasticavo di abbandonare ogni aspetto della mia persona e personalità, convinto che questa sarebbe stata la mia salvezza. A quel tempo ero molto focalizzato nella testa, attraverso un atteggiamento intellettualistico e concettualizzante, e nell'addome, che consolidava e concretizzava la conoscenza intuitiva. Tuttavia, nella mia vita e nella mia pratica spirituali non c'era abbastanza cuore. Man mano che la comprensione spirituale si approfondiva scoprivo di essere sempre meno guidato dalla mia personalità, eppure continuavo maldestramente a ferire gli altri e me stesso a causa della mia ignoranza rispetto alla dimensione del cuore, dell'impatto di parole e azioni non appropriate, e del mio inconscio egocentrismo.

Fortunatamente mi sono imbattuto in una varietà di utili pratiche del cuore. Quando ho iniziato a introdurre specificatamente nella mia pratica spirituale e nella vita la zona del cuore, unita alla mia innata tenerezza e dolcezza, ho iniziato a sentire l'inclusività dell'intrinseca completezza umana, e la vita stessa nel suo insieme. Man mano che coltivavo qualità del cuore sempre più profonde, la mia pratica meditativa si è andata espandendo enormemente, fino a un'esperienza di risveglio avvenuta all'età di ventotto anni (non dico di *avere*

L'Unità del Reale

avuto questa esperienza, in quanto non c'è alcuna proprietà o alcun possesso nelle esperienze di risveglio o di realizzazione lungo il sentiero spirituale, ma esse semplicemente si verificano nel luogo particolare in cui dimora una coscienza localizzata).

Avevo meditato e fatto del mio meglio per adottare un comportamento saggio. Avevo letto un libro chiamato *Il sutra di Hui Neng* in cui si trova la frase: «Produci il pensiero che non ha alcun supporto». Quando lessi questa frase, fu come se un oggetto estraneo mi si fosse conficcato in gola: sentivo di non poterlo ingoiare o sputare perché era incastrato saldamente. Allora cominciai a meditare su questa frase; sedevo in meditazione ogni volta che potevo, giorno e notte, e la frase del libro scorreva costantemente nella mia mente. «Produci il pensiero che non ha alcun supporto». Mi chiedevo ripetutamente: «Come può un pensiero non avere alcun supporto?». Cercai di risolvere questo enigma con la mente, usando la logica ma, come era prevedibile, non funzionò. Cominciai quindi a seguire uno per uno i sensi (vista, udito, gusto, tatto, olfatto) fino alla loro origine. Pensavo che, forse, avrei potuto scoprire come un pensiero potesse essere "non supportato" proprio risalendo alla sua fonte, perciò seguii il percorso della vista a partire dalla percezione a livello dell'occhio, passando attraverso i nervi oculari fino al cervello, e scoprii che non vi potevo localizzare alcuna origine per la vista: era come se non ci fosse nulla che fungesse da sorgente della visione. Meditando posizionai una sorta di marcatore in quella prima "non-fonte", una "fonte senza fonte". Continuai questo processo meditativo con ogni senso, cercando di trovare la risposta all'indovinello, al *kōan*, al paradosso spirituale, al mio enigma.

Quando seguii l'ultimo dei miei sensi nel cervello, ancora una volta non vi trovai alcuna origine. Quando arrivai alla fonte di tutte le "non-fonti", con l'ultimo senso avvenne un'apertura. Ebbi la realizzazione che non c'era alcuna fonte in alcun senso o pensiero! Il mio sé separato traeva origine da un'assenza di origine. La verità ultima era che io ero nulla. Non ero i miei pensieri, i miei sensi o la mia attività cerebrale. Avvenne una sorta di esplosione interiore. Infatti, non solo ero nulla, ma tutto e tutti erano questo stesso nulla, questa non-fonte. Invece di vivere tutto ciò con panico e paura, provai un senso di sollievo e di agio, poiché conoscevo questa profonda verità, ossia la "fonte senza fonte".

Questa esperienza, questa realizzazione, di essere nulla non finì lì e l'esperienza del riposare nel nulla si declinò ulteriormente: nella realizzazione seguente il "nulla" condiviso da ogni essere vivente era espressione dell'amore, di un'Unità che includeva in assoluto ogni cosa. Niente era escluso dall'Unità e tutto, nella sua essenza, era la "fonte senza fonte", priva di un sé tangibile e quantificabile, e ogni espressione

L'Unità del Reale

individuale di questo "nulla" era essa stessa un'Unità indivisa fatta d'amore. Era presente solo la consapevolezza della consapevolezza, l'amorevole, unificato "nulla" in quanto "fonte senza fonte". Era un'esperienza della Presenza dell'Assoluto e, a tutti gli effetti, della mia vera natura spaziosa, vuota e intrecciata con la straordinaria pienezza di cuore dell'Unità, l'Unità indivisa dell'intera realtà.

Solitamente questa conoscenza dell'Unità nasce nell'area del cuore. Non è una conoscenza della testa generata dal pensiero, ma piuttosto una profonda, intuitiva conoscenza del cuore che a volte può essere radicata anche nell'area dell'addome (chiamata *hara* nella tradizione zen). Questa

Niente era escluso dall'Unità e tutto, nella sua essenza, era la "fonte senza fonte", priva di un sé tangibile e quantificabile, e ogni espressione individuale di questo "nulla" era essa stessa un'Unità indivisa fatta d'amore. Era presente solo la consapevolezza della consapevolezza, l'amorevole, unificato "nulla" in quanto "fonte senza fonte".

esperienza dell'Unità, dell'uguaglianza della fonte o origine, avviene al momento opportuno, quando la nostra coscienza è particolarmente matura e siamo stabilmente insediati interiormente.

Per comprendere ed esplorare meglio la nostra relazione con l'Unità è utile identificare le resistenze che ne bloccano o limitano il contatto, aprendoci ad esse.

Resistenze all'Unità

Praticando la meditazione dell'Unità potremmo incontrare diverse resistenze: la forte convinzione della nostra condizione di separatezza, la sensazione che non avere confini sia rischioso (è importante avere solide difese) e l'idea che aprirci al contatto diretto con l'Unità (uno stato di fusione) porti con sé un potenziale danno.

La convinzione nella nostra condizione di separatezza

La maggior parte delle caratteristiche del nostro sé—il modo in cui ci riferiamo a noi stessi e attraverso il quale ci conosciamo—ci fanno ritenere che siamo esseri umani separati. Ad esempio, conosciamo noi stessi in base ai confini del nostro corpo. Sin dall'infanzia abbiamo imparato che il dolore provato dal corpo non avviene al suo esterno, così come la fame, la sete, la stanchezza avvengono esclusivamente all'interno del corpo. Abbiamo i nostri pensieri, ricordi ed emozioni, e in base a queste esperienze personali riteniamo di essere esclusivamente un corpo specifico, separato nel modo più assoluto da tutti gli altri.

Nel profondo della nostra psiche c'è un istinto di sopravvivenza che opera per tenerci al sicuro e, soprattutto, in vita. Una parte del suo compito consiste nel riaffermare che il nostro corpo sta bene ed è al riparo dai pericoli. Quando accade che non avvertiamo una parte del corpo, oppure la solita sequenza di pensieri, il nostro istinto di sopravvivenza si attiva: la frequenza cardiaca aumenta, l'adrenalina entra in circolazione e la respirazione diventa più rapida.

Man mano che ci avviciniamo all'esperienza dell'Unità, di un Essere fusionale, i confini del nostro corpo si ammorbidiscono, i pensieri rallentano, il ritmo cardiaco si placa e il respiro si calma. Questo stato di maggiore morbidezza, rilassatezza e quiete può scatenare l'istinto di sopravvivenza, perché le consuete modalità con cui ci rapportiamo al nostro corpo sono più difficili da individuare. L'istinto di sopravvivenza considera tutto ciò come un attacco, e attiva uno stato di panico in cui non siamo più tranquilli, aperti e curiosi ma arroccati in una condizione attivamente difensiva.

Nella pratica spirituale, ognuno di noi deve sperimentare ripetutamente l'attivazione dell'istinto di sopravvivenza. Ogni volta che la nostra coscienza scopre un nuovo e più profondo ambito di esperienza meditativa, quando poi la nuova intuizione o realizzazione inizia a svanire è del tutto prevedibile che l'istinto di sopravvivenza si attivi. Al tempo stesso notiamo che in realtà siamo sopravvissuti e non abbiamo subito alcun danno. A tutti gli effetti impariamo a muoverci con maggior agio al di fuori dell'usuale percezione di noi stessi, e l'esperienza ripetuta di stati meditativi profondi ci permette di costruire la fiducia che fondamentalmente va tutto bene.

In che modo, nel tuo vissuto, ti sei sentito un sé separato?

_____

_____

_____

Come si manifestano in te queste sensazioni di avere un sé chiaramente delineato?

_____

_____

_____

Perché nasce in te questo senso di separatezza?

_____

_____

_____

La convinzione che non avere confini sia rischioso

Da neonati e da bambini piccoli desideriamo soltanto la giusta quantità di connessione, contatto e interazione con i caregiver e con la nostra famiglia: ricevere troppo può essere problematico quanto ricevere troppo poco. Molti di noi hanno vissuto durante l'infanzia esperienze sopraffacenti di intrusione da parte di caregiver che ci prestavano continue attenzioni. La sensazione di invadenza che ne è derivata può tradursi in un'eccessiva sensibilità nei confronti di chi ci si avvicina troppo, o sta cercando uno stato fusionale con noi quando non siamo pronti ad accettarlo. Se questo ci accadesse ripetutamente potremmo sviluppare un forte atteggiamento difensivo, e ogni volta che ci sentiamo invasi emotivamente o psicologicamente fuggiamo, rinchiudendoci in noi stessi.

Nel cammino spirituale, ci sono molti momenti in cui i nostri confini si ammorbidiscono, o addirittura svaniscono temporaneamente, e il nostro istinto di sopravvivenza si attiva. Quando siamo in allarme, uno dei nostri compiti è verificare se corriamo davvero qualche rischio, in modo da riconoscere che il rilassamento e la fusione dei nostri confini non sono sempre eventi problematici o dannosi.

Qual è il tuo vissuto con il disagio nei confronti di una minaccia ai tuoi confini personali?

_____

_____

_____

Come si manifestano in te queste sensazioni di minaccia ai tuoi confini interiori?

_____

_____

_____

Perché nascono in te queste sensazioni?

_____

_____

_____

La convinzione che uno stato di fusione non sia sicuro

Come discusso precedentemente, in alcune famiglie c'è una propensione dei caregiver a un'eccessiva fusionalità. Quando eravamo bambini, i caregiver erano motivati dall'amore, ma anche dal loro stesso bisogno, a connettersi costantemente con noi, indebolendo in questo modo i nostri confini e costringendoci, nonostante la nostra riluttanza, a fonderci con loro. Durante questo processo, e mentre eravamo in una condizione di vulnerabilità, potrebbero essersi scagliati contro di noi o averci fatto del male, forse perché sentivano che lo stato di fusione era insoddisfacente e non riuscivano ad appagare i loro bisogni. Tutto questo può essere traumatico per il bambino, il quale può sviluppare e mantenere come difesa anche da adulto la convinzione, basata sulle esperienze precedenti, che abbandonare i confini e fondersi con un altro sia dannoso e non sicuro. Questa convinzione, quando attivata da un crescente stato di fusione, scatena l'istinto di sopravvivenza, per cui ci chiudiamo e cerchiamo di fuggire mentalmente e/o fisicamente.

Nel nostro cammino spirituale dovremo esplorare e affrontare tutte le nostre convinzioni che uno stato di fusione sarà sempre doloroso. Possiamo sfidare delicatamente queste convinzioni invitando a manifestarsi una piccola esperienza intima di fusione, verificando poi se ne è risultata una qualche sofferenza.

Ogni volta che la nostra meditazione si approfondisce, offrendoci una nuova esperienza, è probabile che i nostri confini personali vengano superati. Questo può scatenare l'istinto di sopravvivenza, poiché la nostra personalità si sente minacciata dalla vastità di ciò che abbiamo vissuto. Possiamo quindi esplorare e indagare per scoprire se nella nostra esperienza meditativa eravamo veramente in uno stato fusionale, e controllare se ne sia risultato qualche danno. Quando abbiamo ripetutamente la conferma che non ci è successo nulla di male, la nostra fiducia nello stato di fusione aumenta, e questo modifica le nostre credenze riguardo al fatto che la fusione comporti dei rischi.

> In che modo, nel tuo vissuto, hai provato una sensazione di fusione forzata?
>
> _____
>
> _____
>
> _____
>
> Come si manifestano in te queste sensazioni di essere costretto a fonderti?
>
> _____
>
> _____
>
> _____
>
> Perché nascono in te queste sensazioni?
>
> _____
>
> _____
>
> _____

La pratica dell'Unità

> Inizia con la pratica della bontà innata a pagina 65.
> Siedi in una posizione confortevole.
> Chiudi gli occhi.
> Posa le mani comodamente in grembo o sulle gambe.
> Permetti alla tua consapevolezza di riposare nell'area del cuore.
> Ripeti silenziosamente «Cosa sono io?», mantenendo la consapevolezza nell'area del cuore. Quando le risposte sorgono, prendine atto e poi lasciale svanire. Per esempio, potresti udire/avvertire la risposta «Io sono le mie emozioni». Presta attenzione e accetta quella risposta mentre la lasci andare. Se sorgono altre risposte, fai attenzione a ognuna di esse e lasciale scivolare via. A seguito di una pratica prolungata la tua area del cuore diventerà aperta e tranquilla, ferma e pacifica.
> A un certo punto potrebbe sembrare opportuno abbreviare la frase «Cosa sono io?».

L'Unità del Reale

Non consiglio di usare la parola "io" come espressione abbreviata dell'intera frase. La parola "io" è complicata perché è infusa di tutto ciò che noi pensiamo sul nostro "io". È consigliabile, invece, usare "sono" come frase abbreviata. Respira nella zona del cuore e lascia che la parola "sono" ti inondi e scorra attraverso il tuo cuore. Lasciati toccare profondamente da questo processo.

Coltivando a lungo questa meditazione, potresti scoprire che il senso di te stesso—immagini di sé, confini del corpo—sembra ammorbidirsi e persino svanire. Si tratta di un sottoprodotto naturale di questa meditazione. I pensieri possono diventare più leggeri e vellutati, come nuvole che fluttuano nel cielo. Concedi a tutto ciò di essere presente senza cambiare nulla o aggrapparti all'esperienza.

Un possibile risultato di questa meditazione è avvertire le qualità di un "cuore indiviso", e con questo intendo un cuore che percepisce sé stesso e gli altri come una totalità indivisa che esprime il tessuto della realtà. Ciò include l'osservare gli alberi, gli animali, le rocce e tutto ciò che possiamo vedere come un'unità indivisa con ciò che è nel nostro cuore.

C'è un'Unione indivisa nella nostra percezione interna ed esterna che possiamo chiamare esperienza di Unità.

Questa è la verità che si rivela nella consapevolezza del nostro cuore: la completa Unità della Presenza dell'Assoluto. L'Assoluto nella sua pura presenza è una totalità indivisa di amore fusionale.

Come è stato? È stato facile o difficile connetterti con la sensazione fusionale dell'Unità? Hai notato qualche schema riguardante le esperienze o i ricordi di fusione o Unità?

_____

_____

_____

Il coronamento

NEL CAPITOLO 12 fornirò un esempio del sorgere spontaneo delle qualità del cuore insite nella nostra natura più profonda, in modo da poter meglio comprendere il valore di queste pratiche nella vita. Nel corso dell'esistenza si verificano molte situazioni difficili e inaspettate alle quali potremmo faticare a trovare una soluzione. Vorremmo fare o offrire qualcosa a titolo di sostegno e conforto, ma non sappiamo quale sia la cosa giusta da fare. Questo è il momento di sintonizzarci con il nostro cuore, iniziando ad aprirci alla sua saggezza chiarificatrice attraverso la pratica della bontà innata.

In questo modo scegliamo di orientarci verso la dimensione dell'Assoluto, la fonte di tutta la creazione e dell'Essere, che descriverò più dettagliatamente nel Capitolo 13. La nostra bontà innata ci connette a noi stessi, agli altri e alla Sorgente, e questo ci permette di lasciar andare le nostre abitudini prestabilite, trovando la giusta intuizione che ci permette di risolvere il problema contingente. Rivolgendo la nostra consapevolezza alla dimensione dell'Assoluto stiamo offrendo noi stessi, abbandonandoci e ammettendo di non sapere cosa fare né quando farlo. Tutto ciò non solo svuota la nostra mente dal bisogno di sapere, ma ci apre anche alla ricchezza del non sapere. Accettando il "non sapere", ci apriamo a un panorama interiore ricco di possibilità. Riposando nel "non sapere" mentre prendiamo contatto con la spaziosa consapevolezza interiore possiamo ricevere la saggezza della dimensione dell'Assoluto, scoprendo così ciò che può essere più opportuno dire o fare.

12
La tenerezza del cuore

IMPEGNANDOVI COSTANTEMENTE nelle pratiche contenute in questo libro potrete identificare più facilmente e rilassare delicatamente le resistenze alle qualità del cuore proprie della vostra vera natura. Attraverso le pratiche di *upekkhā* (equanimità), *muditā* (gioia empatica), *karuṇā* (compassione), e *mettā* (gentilezza amorevole) diventerete molto più aperti al sorgere spontaneo della saggezza del cuore.

Un esempio tratto dalla mia vita di come possano sorgere spontaneamente i *brahmavihāra* si riferisce a quando un caro amico buddhista finì inaspettatamente in coma. Aveva delle continue convulsioni, e per ridurre al minimo l'attività cerebrale che le causava era sotto l'effetto di potenti antidolorifici. La sua famiglia mi invitò a raggiungerli in ospedale, e mentre mi preparavo a recarmi lì mi dedicai alle pratiche del cuore.

Considerate le circostanze, ritenni appropriato rivolgere al mio amico *mettā*, ma ogni volta che iniziavo a immaginare interiormente il suo volto e a sentire la sua bontà innata, la pratica passava a *upekkhā*. Cercai di ritornare più volte a *mettā*, poiché ero convinto che questa fosse la pratica giusta per lui.

Dopo la quarta o quinta volta che la meditazione di *mettā* si modificava autonomamente, compresi che *upekkhā* era la pratica giusta per la terribile situazione in cui si trovava il mio amico. Durante il viaggio continuai la pratica di *upekkhā* e, arrivato all'ospedale, fui informato che il mio amico, di fatto, non aveva più alcuna attività cerebrale funzionale, anche se il suo corpo poteva essere mantenuto in vita dalle macchine a tempo indeterminato. La sua famiglia si riunì in una sala conferenze per decidere i passi successivi. Ne seguì una discussione franca e aperta, intervallata da qualche lacrima, sulla possibilità di mantenere il supporto vitale oppure rimuovere i tubi della respirazione.

Ognuno di noi condivise con il gruppo i propri sentimenti del momento e cosa pensava che il nostro amico, o famigliare, avrebbe voluto che facessimo in quelle circostanze così difficili. Tutti concordarono che egli avrebbe voluto che il supporto vitale artificiale venisse rimosso.

Fui una delle poche persone a rimanere con lui mentre i tubi venivano scollegati. Cantai in silenzio i precetti buddhisti e gli spiegai cosa stava accadendo. I presenti condivisero alcuni dei propri sentimenti personali nei suoi confronti e, pochi minuti dopo, egli morì.

Da questa esperienza ho appreso che quando, grazie a queste pratiche così profonde e trasformative, il cuore è reso sufficientemente tenero e aperto, la nostra più profonda e vera natura ci dirà ciò che è meglio fare in ogni circostanza.

Il senso di ciò che ho descritto è sottolineare come tutte le pratiche meditative e gli esercizi contenuti in questo libro abbiano lo scopo di orientare e attivare il contatto con la vera natura del vostro cuore. Poiché siamo esseri complessi, con strutture psicologiche ed esperienze di vita complicate, abbiamo bisogno di una varietà di pratiche spirituali che ci aiutino a vedere oltre le idee usuali che abbiamo di noi stessi,

Il contatto sempre più profondo con l'amore incondizionato presente nel cuore apre la nostra consapevolezza, via via più matura, al cuore dell'Universo, il cuore della Presenza. È un cuore che ci dona energia vitale e spirito creativo, i nostri sogni più profondi e la nostra più grande capacità di ricevere amore.

insegnandoci a lasciar andare le nostre ferite e i ricordi dolorosi. Impegnandoci e approfondendo le pratiche contenute in questo libro, apriamo sempre più il nostro cuore interiore, il cuore universale caratterizzato da un amore profondo e inclusivo, con la sua qualità di dolcezza e completa accettazione. Il contatto sempre più profondo con l'amore incondizionato presente nel cuore apre la nostra consapevolezza, via via più matura, al cuore dell'Universo, il cuore della Presenza. È un cuore che ci dona energia vitale e spirito creativo, i nostri sogni più profondi e la nostra più grande capacità di ricevere amore.

Questo è il risveglio del cuore, il radicamento nel Cuore di Buddha.

13
Il punto di vista dell'Assoluto

PER COMPRENDERE PIÙ A FONDO il Cuore di Buddha è opportuno includere ed esplorare la sua sorgente, che racchiude tutte le meditazioni, le pratiche e gli esercizi intrapresi finora, ed è la fonte di ogni religione e pratica spirituale.

Ciò a cui mi riferisco è la realtà ultima, radicata nella Fonte di tutta la realtà: l'Assoluto. Per facilitare nel lettore il contatto con questa realtà descriverò non solo parte di ciò che vedo in ognuna delle dimensioni, ma anche la sensazione vissuta come esperienza diretta dell'Assoluto.

Al praticante novizio molti di questi concetti e idee risulteranno estranei, e al nuovo lettore tutto ciò potrebbe sembrare fantascienza, tuttavia incoraggio entrambi a leggere questo capitolo. Una dei miei primi insegnanti zen mi disse che, ogni qualvolta ricevevo un insegnamento che mi pareva fantasioso, dovevo "metterlo da parte in un cassetto". Mi incoraggiò a non scartare ciò che non mi era ancora comprensibile, ma a considerarlo invece come una possibilità, lasciando che l'evolversi delle mie esperienze meditative ispirasse la mia comprensione. Questo consiglio ha modificato la mia vita molto più profondamente di quanto all'epoca potessi immaginare.

Per il praticante buddhista esperto è importante comprendere appieno la fonte d'ispirazione di tutte le meditazioni contenute in questo libro. Esplicitare chiaramente che la sorgente consiste nella realtà Assoluta facilita al lettore l'accesso alla straordinaria, radicale saggezza incorporata ed espressa in queste antiche meditazioni buddhiste senza tempo.

Esplicitare chiaramente che la sorgente consiste nella realtà Assoluta facilita al lettore l'accesso alla straordinaria, radicale saggezza incorporata ed espressa in queste antiche meditazioni buddhiste senza tempo.

Ogni passo o stadio di questa progressione, dal regno dell'Assoluto fino ad arrivare alla nostra personalità ordinaria, è presentato, per quanto possibile, a partire dalle mie realizzazioni esperienziali, dal lavoro con i miei insegnanti e dalle interazioni dirette con i miei studenti.

Il punto di vista dell'Assoluto

Iniziando, quindi, dalla dimensione, o regno, dell'Assoluto, chiamata anche "Assoluto", possiamo dire che essa agisce ben oltre la portata di qualsiasi comprensione concettuale, essendo infinita e senza alcuna caratteristica specifica relativa a spazio, tempo e ordine gerarchico. Ciò significa che, in realtà, nessuna esperienza, intuizione o realizzazione è migliore di qualsiasi altra, e non vi è una reale progressione verso il miglioramento. La nostra consapevolezza entra nell'Assoluto fondendosi completamente con esso, e l'Assoluto stesso si riconosce in lei, al di là del pensiero convenzionale e della comprensione concettuale. Questa realtà Assoluta è infusa in quella comunemente riconosciuta e normale di tutti i giorni.

Il regno dell'Assoluto è la fonte di tutta la creazione, e in esso non ci sono condizioni, polarità di opinioni, preferenze, linguaggio, pensieri e concetti, poiché tutto è amorevolmente contenuto in esso. È una infinita e coesa Unità del reale. I concetti duali, come giusto e sbagliato, io e te, soggetto e oggetto, non esistono separatamente dall'Assoluto. Si tratta di un'Unità unificata che amorevolmente contiene e dà origine a ogni cosa, senza escludere nulla. Paradossalmente esso non contiene nulla e, al tempo stesso, contiene tutto. È una presenza scura, vasta, infinita e misteriosa, tanto che non conosceremo mai ogni suo mistero. È una pace profonda, diffusa lungo una vasta spaziosità, il cui silenzio, potente e riverberante, ha una qualità risonante. La sua tranquillità, il suo profondo potere silenzioso, è amore totale, un amore avvolgente, accogliente, non giudicante. L'amore è il mezzo di espressione dell'Assoluto e di tutta la realtà, e la sua profondità, dagli innumerevoli livelli, è impressionante. Quando sperimentiamo la sottile sfumatura della sua intima risonanza ne veniamo intensamente colpiti, e siamo quasi travolti dal contatto con la conoscenza multidimensionale ivi racchiusa. Al tempo stesso, dimorare in uno stato d'identità con l'Assoluto risulta semplice, fonte di pace e rigenerazione.

Immaginatevi all'interno di uno spazio scuro, profondo, vasto e infinito. È così vasto che la consapevolezza non può sentire o percepire alcun confine. Essa fluttua nel profondo e immobile spazio esterno, e non c'è alcun suono. Ogni pensiero, emozione o ricordo è stato completamente assorbito da questa profonda, amorevole quiete. Non avvertite alcuna percezione o confine corporeo, o una qualsivoglia forma di identità. La consapevolezza qui non ha collocazione. Questa spaziosa, immobile presenza è tutto ciò che siete, e non c'è alcun disagio, sofferenza o dolore emotivo. Inspirare ed espirare senza la consapevolezza di un corpo comporta una pace avvolgente, avviluppante. La consapevolezza è interconnessa con la presenza, e non c'è alcun bisogno di alterare o raggiungere alcunché: non c'è bisogno di nulla. C'è un completo,

Il punto di vista dell'Assoluto

totale e penetrante appagamento accompagnato da una viva sensazione di connessione indivisa con un'Essenza gradita e amorevole. Tutto è appagamento in quanto proviene dalla stessa fonte: un'identica unità. Quando la nostra coscienza individuale incontra questa profonda, infinita pace, essa lentamente si calma e si acquieta. Il pensiero cessa e i concetti cadono, essendosi placata la ripetizione dei pensieri. La coscienza stessa, che funziona come consapevolezza risvegliata, si ferma completamente in una pace profonda, tranquilla e amorevole: definiamo questo stato "Cessazione". È la cessazione di *tutta* la coscienza.

Questa cessazione della coscienza non è un'esperienza di assenza o di perdita, ma piuttosto di pienezza aperta e immobile; è una conoscenza diretta del mistero profondo e riccamente stratificato. L'esperienza di Cessazione viene riconosciuta solo dopo che la consapevolezza della coscienza ne è uscita ed è tornata nella pienezza della dimensione dell'Assoluto. C'è una particolare qualità di sapere non concettuale e intuitivo che riconosce finemente nella Cessazione la fonte di tutta la creazione, la consapevolezza e la coscienza. La fusione con il territorio profondo della dimensione dell'Assoluto ha su di noi un impatto profondo. La Cessazione è il *nirvana/nibbāna*, l'alfa e l'omega di ogni forma di realtà.

L'Assoluto contiene tutti i livelli, tutte le profondità del risveglio e tutti i tipi di realizzazione, senza preferire alcuna particolare pratica spirituale, tradizione o religione. L'Assoluto è la fonte unica e indifferenziata di tutte le religioni, le scuole spirituali e le relative pratiche. L'Assoluto non ha preferenze o favoritismi, è la fonte di tutta la realtà ed è presente prima che qualsiasi forma appaia dalla vastità. È privo di immagini di sé, concetti o strutture mentali. Contiene ed è esso stesso il tutto unificato: è la dimensione dell'Essere, dell'Essere dell'Assoluto, che conferisce una sensazione di profondo appagamento, senza preferenze né tentativi di affermazione di qualsiasi tipo di priorità o gerarchia di esperienza.

Eppure, questa inimmaginabile fonte priva di forma può esprimersi solo nella forma, nella manifestazione, attraverso cui la consapevolezza può tornare al regno dell'Assoluto e alla sua fonte immanifesta: la Cessazione. Questa dimensione contiene una qualità di identità oggettiva priva di un particolare soggetto o oggetto. Non c'è un io che percepisca o osservi da una posizione privilegiata. C'è una percezione che conosce priva di pensieri o di qualsiasi attività mentale. Poiché non c'è percezione di un sé o di qualcosa di separato, questo stato viene definito "non duale". I Regni Senza Forma, compreso quello dell'Assoluto, offrono alla nostra coscienza/anima l'opportunità di realizzare una realtà illimitata, priva di confini, senza un particolare senso di sé, o persino senza la prospettiva di un sé. Quando non abbiamo bisogno di mantenere e animare un senso separato di noi stessi o una percezione del sé, la nostra anima trae beneficio da un rassicurante rilassamento, poiché riposiamo nell'unione naturale con il regno dell'Assoluto e in identità con esso.

La Base di né Percezione né Non-Percezione

L'Assoluto inizia il suo movimento per gradi, emanando da una fonte immobile verso la forma mondana, e partendo dalla dimensione non concettuale indicata, nel buddhismo, come la "Base di né Percezione né Non-Percezione". Si tratta di un chiaro paradosso, poiché non c'è alcuna percezione con cui possiamo identificarci, o che possiamo essere, eppure c'è un minimo di percezione/consapevolezza. In questo luogo, non c'è veramente alcuna percezione o non-percezione; è il primo regno della realtà in cui l'Assoluto si presenta nel suo viaggio verso la forma quotidiana. Queste prime quattro dimensioni sono chiamate "Regni Senza Forma". Uso il termine "regno" volutamente poiché la sensazione che si prova è quella di essere in un territorio specifico, una realtà sana e funzionante, che è completa e separata dalle altre dimensioni della realtà. La Base di né Percezione né

Non-Percezione è una dimensione in cui non esiste una modalità tipica di "percezione" e nemmeno alcuna "non-percezione", o mancanza di percezione. C'è una consapevolezza espansiva e non localizzata, cioè non radicata in un punto dal quale si rivolge all'esterno, eppure, all'interno della dimensione stessa, c'è consapevolezza. Sperimentare una percezione non ordinaria senza la nostra usuale capacità di o abitudine alla percezione crea uno sconcerto mentale. È un paradosso irrisolvibile che deve semplicemente essere accettato grazie all'esperienza diretta. È solo attraverso il contatto esperienziale, dimorando temporaneamente in uno stato fusionale in questa ricca, straordinaria dimensione senza pari, che la sua realtà può essere sperimentata. La consapevolezza è completamente fusa nella percezione della non-percezione. Ognuno di questi Regni Senza Forma comporta potenzialmente un insegnamento continuo, un canale aperto di apprendimento e di conoscenza diretta che può proseguire anche dopo la conclusione della partecipazione meditativa in quella particolare dimensione. Se c'è una immersione sufficientemente prolungata in uno dei Regni Senza Forma, un portale rimane aperto per ispirare e insegnare.

Il punto di vista dell'Assoluto

La Base del Nulla

Nel suo viaggio verso la realtà quotidiana o condivisa, dopo la Base di né Percezione né Non-Percezione l'Assoluto si manifesta come Base del Nulla, che si potrebbe intendere come esperienza di "essere nulla", piuttosto che non essere niente. L'espressione "niente" suggerisce un'assenza, una mancanza, un vuoto che dev'essere ancora riempito. In questo regno, il concetto dell'"ancora da riempire" non è esperienzialmente accurato poiché in esso si manifesta profondamente un pieno, espansivo Essere Nulla. Non è un'assenza, è una dimensione completa che contiene lo spazio infinito dell'Essere Nulla che alla fine abbraccerà e conterrà la dimensione di tutta la coscienza, di ogni manifestazione e di tutte le forme di realtà. È una dimensione in cui possiamo dimorare come un'assenza che è piena e feconda di potenzialità, senza segni, marcatori mentali o qualità relative a un'identità personale. La sensazione è quella di una vasta apertura simile alla potenza di una tela bianca che sta per essere dipinta con rappresentazioni vibranti fatte dei colori abbondanti della vita. È profondamente quieta, e questa qualità pacifica placa la nostra consapevolezza mentre purifica in modo rinfrescante la nostra preferenza per il movimento ricco di attività della vita.

La Base del Nulla non contiene il magnifico potenziale della dimensione dell'Assoluto, in cui ogni cosa può sorgere in qualsiasi momento. Nella Base del Nulla c'è già un movimento verso la coscienza, verso la vita quotidiana. Esso condiziona questa dimensione a uno scopo sottile: contenere ciò che si manifesterà o entrerà nella creazione. Al contrario, il regno dell'Assoluto non ha condizioni, e contiene sia il potenziale di ciò che si manifesterà sia di ciò che non si manifesterà mai.

La Base della Coscienza Illimitata

Dopo la Base del Nulla, nel suo viaggio verso il mondo della forma e della manifestazione, l'Assoluto appare poi come la "Base della Coscienza Illimitata".

Pur essendo ancora in sé oggettivamente incontaminata, si può percepire che la dimensione della Base della Coscienza Illimitata è contenuta all'interno della Base del Nulla, che appartiene a sua volta alla Base di né Percezione né Non-Percezione, e l'interezza di queste diverse dimensioni fa parte del regno Assoluto. Sono tutte espressioni diverse, ma correlate, dell'Assoluto, la fonte di tutto.

La Base della Coscienza Illimitata regge ed esprime tutto ciò che si trova nel mondo della forma, della manifestazione, della struttura, delle idee, del pensiero, del concetto, persino delle credenze e delle opinioni. Eppure, contiene tutto questo in un silenzio profondamente immobile e potente. La Base della Coscienza Illimitata è una pienezza ricca e vitale, è il profondo silenzio e la quiete incontaminata della Base del Nulla che si apre, fiorisce, si muove verso e nella manifestazione, nella sua forma splendente.

La sensazione qui è quella di un'energia vitale pronta ad aprirsi alla realtà quotidiana. Viene avvertita come un seme che sta germogliando in un terreno ricco e sta per uscire dalla terra verso il sole e il cielo, dispiegando per la prima volta le sue foglie. La sensazione esperienziale è quella della potenzialità, della pura vitalità che si prepara a germinare e a fiorire.

La Base dello Spazio Illimitato

Dalla Base della Coscienza Illimitata, l'Assoluto, nel muoversi verso la realtà quotidiana, si manifesta come la Base dello Spazio Illimitato. Questa dimensione è uno spazio senza confini, limitazioni, forma o restrizione. È semplicemente una vastità silenziosa che si estende all'infinito ma, al tempo stesso, è contenuta interamente nella più piccola particella subatomica. Questo regno dello Spazio Illimitato è necessario affinché il mondo della forma possa esistere. Tutta la forma è contenuta nella e dalla qualità illimitata di questo spazio e dall'Assoluto, che si manifesta brillantemente come Base dello Spazio Illimitato.

Riposare in questo spazio infinito e senza forma è rilassante e rinvigorente. In questa dimensione libera da costrizioni o definizioni non c'è ancora alcuna forma. La nostra consapevolezza si fonde con questo vasto spazio, informe e incontaminato, espandendosi in ogni direzione senza alcun limite potenziale. Qui siamo liberi dall'adesione a qualsiasi forma, etichetta, concetto o idea. Questa libertà è nutriente per la nostra coscienza e per la nostra consapevolezza. Possiamo lasciare andare ogni cosa mentre ci abbandoniamo a questo spazio infinito in unità con esso.

Il Mondo delle Forme

Dalla Base dello Spazio Illimitato, l'Assoluto comincia a manifestarsi nel mondo della forma, con la ricchezza dei colori e la tangibilità degli elementi (terra, acqua, fuoco e vento). Gli elementi e i colori ricchi e complessi trasformano l'oscurità luminosa dell'Assoluto nelle forme e nelle strutture che conosciamo tramite la nostra percezione e consapevolezza ordinaria e quotidiana. Dai Regni Senza Limiti, muovendosi verso il mondo delle forme, l'Assoluto appare come ciò che possiamo chiamare la nostra vera natura.

La Vera Natura

La nostra vera natura è il nostro sé più profondo, sottile ed essenziale. Non è un sé relativo alla personalità ma piuttosto una consapevolezza che non nasce e non muore. La nostra vera natura contiene una serie di qualità—come la compassione, l'amore, la pace, la gioia, la quiete, la forza, il potere, ecc.—che sono senza condizioni e universalmente accessibili a tutti. Ciò significa che non c'è bisogno di *fare* nulla perché queste qualità appaiano. Non è necessario comportarsi in un dato modo o sviluppare un certo punto di vista perché queste qualità sorgano naturalmente e spontaneamente nella consapevolezza come la propria natura più profonda. Sono qualità già incorporate nella coscienza, una sorta di DNA spirituale e olografico che ci accompagna sin dalla nascita. Non sono strutture o stati emotivi o mentali, né sorgono come risultato di un qualsiasi tipo di azione. Le qualità della nostra vera natura si manifestano da e attraverso il nostro Essere, la nostra capacità di essere semplicemente chi siamo, prima di solidificarci, o strutturarci in una particolare personalità nella quale ci identifichiamo esclusivamente.

Quando siamo in intimità con la nostra esperienza del momento presente, senza reattività o senza una personalità che "agisce", queste qualità della vera natura possono sorgere spontaneamente, e lo fanno, sintonizzandosi liberamente con i nostri bisogni, conosciuti e sconosciuti, in modo da poterli soddisfare. Durante tutta la nostra vita spirituale, meditativa e contemplativa possiamo sperimentare il contatto con la nostra vera natura e le esperienze che ne derivano, e queste possono accumularsi nella nostra coscienza, supportando lo sviluppo di una conoscenza interiore, risvegli spirituali e, in seguito, realizzazioni durature e operanti. Nelle potenzialità dell'Assoluto vi sono illimitate realizzazioni che si risvegliano nella nostra coscienza consapevole, mai nella nostra personalità. Non possiamo, infatti, conservare o possedere esperienze di realizzazione. Ciò che permette alla realizzazione di essere sperimentata nella nostra coscienza è l'assenza, la trasparenza, del nostro normale sé personale. Questa trasparenza del sé permette alla nostra consapevolezza di non avere limiti, senza alcuna restrizione nella sua connessione con le qualità misteriose e in tutte le manifestazioni dell'Assoluto.

Non-Sé e Assenza di Sé

Tra il nostro solito sé, l'assenza di sé, e la profonda, vuota pienezza del non-sé c'è tutta una gamma di esperienze di risveglio. L'"assenza di sé" avviene quando il nostro normale senso del sé è temporaneamente sospeso a causa della sua trasparenza. Quando l'ego è trasparente, i modi in cui ci riferiamo a noi stessi—dalla credenza che il nostro corpo abbia confini stabili alla convinzione nelle nostre emozioni persistenti, ai ricordi, ai pensieri e alle strutture mentali—sono sospesi. Generalmente, quando questi diventano temporaneamente trasparenti, il risultato è che non abbiamo idea di chi siamo. Non c'è nulla dentro di noi che ci identifichi. Al posto della nostra personalità potremmo percepire una spaziosità interiore che può contenere qualità spontanee come la pace, l'amore, la compassione, la chiarezza o altre caratteristiche della vera natura. Se le esperienze di assenza di sé persistono senza che abbia luogo un movimento per cambiarle o evitarle, possiamo sperimentare la matura pienezza del non-sé.

Il non-sé può sorgere quando sviluppiamo la consapevolezza sostenuta che il nostro sé normale, in definitiva, non è reale, e questa diventa una verità fondamentale distinta della verità relativa del nostro solito sé, condizionato com'è dai confini del nostro corpo, dai traumi, dai ricordi, dalla nostra storia emotiva, dai pensieri, dai modelli ripetitivi di comportamento e dalle strutture mentali. Se c'è un'immersione abbastanza profonda e sostenuta nell'assenza di sé, possiamo percepire la vacuità della nostra convinzione di essere esclusivamente un sé separato da tutte le altre forme di realtà, mentre ci apriamo alla realizzazione che la nostra coscienza consapevole e risvegliata è in realtà un non-sé. Si tratta di una consapevolezza risvegliata e operante che non ha bisogno della nostra storia, del nostro corpo o delle nostre strutture mentali di identità per sapere chi è.

Per iniziare ad aprirci al contatto con l'assenza di sé, iniziamo con l'osservazione sostenuta e attiva degli schemi tipici e familiari della nostra forma corporea, così come delle strutture mentali nella nostra mente. È importante rallentare, coltivare il silenzio interiore, indirizzare la nostra consapevolezza verso l'interno e non rivolgerne troppa al di fuori del corpo. Solitamente manteniamo una percezione interna ed esterna del nostro corpo. Questa percezione è solida, in parte a causa della nostra ferma convinzione che i confini del nostro corpo siano una realtà immutabile. Durante la pratica spirituale, nell'esperienza di assenza di sé stiamo mettendo in discussione la realtà di chi siamo, di chi crediamo di essere. All'inizio della nostra vita, quando sentiamo dolore o disagio e percepiamo un bisogno—fame, attenzione

Il punto di vista dell'Assoluto

o amore—crediamo che la soddisfazione possa venire solo da un'altra persona esterna a noi. Questa crescente convinzione che tutto il piacere sia generato esclusivamente da un altro ci porta a essere fermamente convinti di non poterci sentire appagati da soli, di non avere la capacità di essere intrinsecamente soddisfatti di noi stessi.

Per iniziare a mettere in discussione questa convinzione fondamentale che siamo solo un sé separato, usiamo il percorso diretto della meditazione, che ci permette di eliminare alla radice la nostra convinzione in un'identità come persistente sé separato. Il Buddha non solo insegnò ma praticò anche *samatha* (meditazione di concentrazione/tranquillità) come metodo diretto per mettere in discussione la ferma convinzione di essere un'entità separata da tutte le altre forme di vita. In tutto questo libro abbiamo messo in discussione la convinzione in una realtà accettata consensualmente come realtà ultima, e abbiamo applicato le pratiche concentrative del cuore per prendere contatto con il cuore stesso e intenerirlo. Abbiamo intrapreso questi esercizi, meditazioni e pratiche coltivando un orientamento crescente verso la nostra interiorità. Attraverso la spaziosità interiore possiamo prendere contatto con le vaste dimensioni senza forma dell'esperienza. Questo viaggio può aprirsi alla fonte della realtà, la dimensione dell'Assoluto, che contiene la pietra di paragone di tutta la creazione: la Cessazione. La Cessazione è il cuore più profondo e misterioso dell'infinito mistero che noi siamo e che è, contemporaneamente, la totalità di tutti gli universi.

Conclusione

IN QUESTO LIBRO AVETE IMPARATO, e auspicabilmente sperimentato, una varietà di meditazioni, esercizi e pratiche spirituali. Abbiamo viaggiato insieme attraverso le qualità del cuore della nostra natura più profonda, e abbiamo naturalmente incontrato ed esplorato le loro particolari resistenze. Potreste, dunque, chiedervi: «E adesso?»

Vi suggerisco di mantenere queste meditazioni del cuore nella pratica quotidiana. Potreste sceglierne una in particolare e lavorare con questa per un certo numero di settimane o per un mese. Selezionando solo una meditazione o pratica alla volta, penetrerete più profondamente in quella particolare qualità del cuore. Durante questo periodo vi consiglio di tenere un diario in cui potete scrivere le vostre reazioni agli esercizi sulle resistenze, approfondendone la comprensione, e registrare le esperienze, le intuizioni e le cose apprese sul cuscino di meditazione e lontano da esso. Tenete traccia di come hanno influito su di voi.

Ognuno di questi esercizi, meditazioni e pratiche può essere ripetuto regolarmente. C'è una qualità permeante tra gli effetti di queste pratiche, in altre parole il vostro cuore continuerà ad aprirsi, il vostro comportamento disfunzionale si ridurrà, e, in generale, sarete più felici e soddisfatti.

La prosecuzione di questo viaggio è facilitata da due cose. In primo luogo, andare in un ritiro per trascorrere intere giornate immersi in queste qualità del cuore con un gruppo di sostegno e un insegnante esperto vi attirerà più profondamente nel cuore e vi aiuterà a capire i vostri schemi di personalità e i loro meccanismi. Offro ritiri online, costituiti da appuntamenti a orari prestabiliti per discorsi sul dharma, domande, esercizi pratici, periodi di meditazione insieme e incontri individuali.

In secondo luogo, lavorare con un insegnante esperto una o due volte al mese vi aiuterà ad illuminare le qualità del cuore che vengono attivate e a elaborare gli schemi di comportamento appresi in passato che si oppongono alle qualità più profonde del cuore, mantenendoci in una conflittualità superficiale, lontana da ogni possibilità di appagamento. Per gli studenti, è utile sperimentare la risonanza del cuore e dell'anima con un insegnante che è espressione vivente della Presenza dell'Assoluto. Essere in contatto regolare con la chiarezza e la pace profonda di questa Presenza incoraggia lo studente a riconoscere la musica e il flusso dell'universo.

Conclusione

Mi piacerebbe lavorare direttamente con voi per sostenervi nella comprensione sempre più approfondita di queste pratiche del cuore e assistervi nello scoprire e lasciar andare i vostri particolari schemi abitudinari di resistenza. Per maggiori informazioni sono contattabile attraverso il sito www.awakeningdharma.org.

Ringraziamenti

VORREI ESPRIMERE I MIEI profondi ringraziamenti a tutti i miei insegnanti—passati, presenti e futuri—per la loro guida e per aver dato seguito con i fatti alle loro parole.

Grazie al mio grande team, senza il quale questo libro non sarebbe stato così rifinito e presentabile: Carra Simpson, Erin Parker, Jazmin Welch, Lynn Slobogian.

Per questa edizione italiana, sono veramente grato alla traduzione attenta e diligente di Andrea Magoni e Donatella Levi. Ringrazio Giulia Giani per la sua ponderata correzione di bozze e Jazmin Welch per aver applicato il suo elegante design a questo libro in versione italiana.

Grazie a mia moglie Julie, ai nostri figli Rachel, Ben, Ryan, Jason ed Emily, e ai nostri nipoti Audri, Aleah, Jade, Sienna, Sam, Collin e Grahm per far parte della mia vita.

L'autore

STEPHEN SNYDER ha iniziato a praticare la meditazione su base quotidiana nel 1976. Da allora, ha studiato in modo approfondito il buddhismo esplorando e impegnandosi nelle pratiche *theravāda*, zen, e tibetane, così come nell'approccio della Via del Diamante. Stephen è  stato autorizzato ad insegnare nel 2007 dal Venerabile Pa Auk Sayadaw, maestro di meditazione birmano e rinomato studioso. Nel 2009 è stato coautore del libro *La pratica dei Jhāna*, in cui si esplora la meditazione di concentrazione profonda come insegnata da Pa Auk Sayadaw. Stephen è autore di altri due libri: *Stress Reduction for Lawyers* (Settembre 2020) e *Demystifying Awakening* (Gennaio 2022).

Lo stile di insegnamento risonante e caloroso di Stephen coinvolge studenti di tutto il mondo, attraverso ritiri di persona e online, così come il coaching online individuale. Stephen incoraggia gli studenti a rivolgersi verso la loro intrinseca consapevolezza risvegliata e, attraverso questa realizzazione, incarnare la loro vera natura e vivere da essa.

È possibile visitare il sito www.awakeningdharma.org per maggiori informazioni su Stephen.

www.ingramcontent.com/pod-product-compliance
Lightning Source LLC
Chambersburg PA
CBHW020526080526
44583CB00013B/748